天下雜誌
觀念領先

麥特．海格 Matt Haig 著　韓絜光 譯

在焦慮星球上微笑

NOTES ON A NERVOUS PLANET

目錄

NOTES ON A NERVOUS PLANET

1

焦慮世界的焦慮心靈

「托托，我們好像已經不在堪薩斯州了。」

——《綠野仙蹤》的桃樂絲

一年多前，一段對話

我很**焦慮**。

我繞著圈子踱步，想打贏網路上一場筆戰。安德莉亞看著我。應該說，我**覺得**安德莉亞在看我。我不是很確定，因為我一直看著手機。

「麥特，麥特？」

「噢，怎樣？」

「你是怎麼了？」她用不帶指望的語氣問，她婚後才養成了這種語氣。也可能是跟我結婚害的。

「沒什麼。」

「你已經一個多小時都盯著手機。就這樣走來走去，一直到處撞到家具。」

我的心臟一直怦怦跳，胸口愈來愈緊。準備戰鬥或者逃跑。網路上某個住在十萬八千里外的人，搞得我像一頭飽受威脅的困獸，我大概永遠不會見到這個人，但這傢伙還是成功毀了我的週末。「我只是在回人家的留言。」

「麥特，你就不要再看了。」

「我只是……」心靈不安的特點就在於，有這麼多的東西能在短時間內令人心情好轉，但長久下來卻只讓你心情更差。你拼命轉移注意力，但其實你真正需要的是**認識**自己。

「麥特！」

一小時後，坐進了車裡，安德莉亞從副駕駛座上望向我。我沒在看手機，但手上還把手機牢牢握著，像修女緊抓著念珠一樣，只求一股安心。

「麥特，你沒事吧？」

「沒事啊，怎麼了？」

「你看起來很失落。你看起來像以前……」她停下來，沒把「以前你患憂鬱症的時候」說出口，但我懂她想說什麼。況且，我也感覺得到我周圍的焦慮和憂鬱。不是真的**已經到那個地步**，但也不遠了。

「我沒事」，我說了謊：「我很好，我沒事。」

不到一星期，我就癱在沙發上，陷入我第十一次焦慮發作。

人生編輯術

我很害怕。我沒辦法不害怕。害怕就是焦慮的最大特徵。發作愈來愈頻繁，我擔心再下去不知道會怎樣。絕望的感覺似乎沒有上限。

我設法轉移注意力。不過我從過去經驗知道，酒精絕對不是辦法。所以我做了一些以前曾幫助我爬出黑洞的事情。我小心調整飲食，做瑜珈，也試過冥想。我躺在地板上，一手放在腹部，深呼吸——吸氣、吐氣，吸氣、吐氣，發現我呼吸的節奏不太順，一頓一頓的。

但不論做什麼都很困難，就連早上選擇要穿的衣服都能讓我哭出來。這跟以前有沒有過這種感覺並不相干。不會因為以前喉嚨痛過，下一次就比較不痛。

我試著看書，但很難集中。

我聽 podcasts。

我看 Netflix 的新影集。

我逛社群媒體。

我回覆了所有電子郵件，想把工作都處理好。

我一醒來就緊抓著手機，祈禱滑到的內容能讓我暫時忘記自己。

但是——注意以下爆雷——這些都沒用。

我愈來愈低落。況且很多「分散心思」的事沒用就算了，還搞得我更心煩、更焦躁。借用詩人艾略特（T. S. Eliot）在《四首四重奏》（*Four Quartets*）書中的形容，我是「因為分心事從分心事裡分了心」。

我會死盯著還沒回的電子郵件，心裡慌得要命，但就是提不起勁回覆。然後是推特——我用來分散心思的數位選項，結果發現看推特，焦慮的情況變得更嚴重。就算只是隨意捲動推特頁面的時間軸，都有一種傷疤被撕開的感覺。

我上網讀新聞，這是分散心思的另一個辦法。但我心理上承受不了。知道世界上發生這麼多苦難，對於緩和我的痛苦毫無幫助，只讓我更加無力。而且多可悲啊，全世界有這麼多看得見的苦難，只是一些看不見的苦惱就讓我動彈不得。我的絕望又更深了。

所以我決定做點什麼。

我決定離線。

我選擇幾天不看社群媒體，電子信箱也設定成自動回覆。我不再看新聞，也不讀報紙。我不看電視，不看任何音樂MV，就連雜誌也不翻。（多年前，我第一次崩潰的那陣子，雜誌鮮豔的圖像總是在腦中逗留不去，在我想入睡的時候，用眾多瘋狂賽跑的圖案塞滿我的腦袋。）

我把手機留在樓下才上床睡覺。平日盡可能多走出戶外。我的床邊桌原本一團凌亂，電線和電子產品、還有我其實沒在讀的書，堆得亂七八糟。我也把那些東西清空。在家裡，我盡量關著燈，在黑暗裡躺著，方法跟應付偏頭痛大概差不多。自從二十幾歲第一次有自殺的念頭開始，我一直深深明白，想好轉起來需要一種人生編輯術。

一種捨棄之道。

就像提倡極簡主義的佐佐木典士說的：「擁有得少，本身就是一種幸福。」前幾年，我初次經歷恐慌的時候，捨棄的東西只有烈酒、香菸和黑咖啡。然而多年過去，我發覺問題出在一種更普遍的超載。

超出負荷的生活。

還有肯定超出負荷的科技。這次復原期間，我唯一真正用上的科技，汽車和烹飪用具不算，只有 YouTube 上的瑜珈影片，看影片的時候，我也不忘把螢幕亮度調低。

焦慮並沒有奇蹟似地消失，當然不會。

焦慮不像我的智慧型手機，它沒有「滑動關閉」的功能。但我的心情不再愈來愈惡劣，而是進入平穩的高原期。過了幾天，漸漸平靜下來了。

熟悉的復原之路終於展開。而阻斷刺激——不光是酒精和咖啡因，還包括上述其他東西，也是復原過程的一環。

簡單來說，我開始再度感到自由。

為什麼寫這本書

大多數人都知道，現代生活會對人的生理造成不少影響。也就是說，現代生活雖然先進，有些方面仍對我們的身體有危害。車禍事故、吸菸、空氣汙染、住在沙發裡的生活方式、外送披薩、輻射、第四杯梅洛紅酒。

就連使用電腦都能對身體造成危害。坐一整天，重複性勞損上身。有一次甚至有一位驗光師跟我說，我的眼睛感染、淚腺阻塞，是長時間盯著螢幕造成的。我們用電腦工作的時候，眨眼次數似乎比較少。

既然生理健康與心理健康息息相關，是不是也能說現代生活影響了人的心理狀態呢？我們生活的方式，是否在某些方面可以說明我們身處於現代世界的**感受**？

不光是現代生活的**物質**面，還包括價值觀。讓人想擁有比現在更多東西的價值觀。推崇工作勝於玩樂。拿自己最差的一點與別人最好的一點相比。總是覺得自己還**缺少**什麼。

在我一天天好轉的同時，我忽然有寫一本書的念頭——就是現在這本書。

我在《活著的理由》（*Reasons to Stay Alive*）這本書中，已經寫過我的心理健康狀態。但現在，問題不再是**為什麼我應該活著？**這一次，問題更廣一些，**我們該怎麼活在一個瘋狂世界，而不至於跟著瘋狂？**

焦慮星球上的新聞

動手查一查，很快我就在這個博取目光的年代，找到一些博取目光的新聞標題。當然，新聞的**出發點**幾乎就是要令人焦慮的。如果用意是使人平靜，那就不是新聞，而是瑜珈或小狗。所以滿諷刺的，新聞產業一面報導焦慮，一面又讓人更焦慮。

總之，以下是我搜尋到的一些標題：

壓力與社群媒體引發青少女族群心理健康危機
——《衛報》

慢性孤獨已成現代流行病
——《富比士》雜誌

臉書表示，臉書「可能令人感覺生活很悲慘」
——*Sky News*

青少年自我傷害比例「遽增」
——BBC 英國國家廣播公司

73％員工受職場壓力困擾
——《澳洲人報》

飲食失調患者激增，原因在過度接收名人體態資訊
——《衛報》

校園自殺與追求完美的壓力
——《紐約時報》

職場壓力大幅提高
——紐西蘭國家廣播電台

機器人會取代孩子們的工作嗎？
——《紐約時報》

川普時代，美國高中校園壓力與敵意上升
——《華盛頓郵報》

香港兒童自小被教導要優秀，不是要快樂
——香港《南華早報》

高度焦慮：現代透過藥物緩解壓力的人愈來愈多
——西班牙《國家報》

諮商師大軍進入校園，抵擋焦慮流行
——《每日電訊報》

網路害我們患上注意力缺失症候群？
——《華盛頓郵報》

「心靈也能被綁架」：科技圈內人對智慧型手機理想破滅
——《衛報》

青少年成長階段日益焦慮沮喪
——《經濟學人》雜誌

Instagram 是最不利年輕人心理健康的社群 APP
——CNN 美國有線電視新聞網

全球自殺比例為何飛漲？
——《AlterNet》新聞雜誌

剛才說過，這是很諷刺的一件事，閱讀哪些事情會令人焦慮憂鬱的新聞報導，其實也會引發焦慮，可以想見新聞標題本身的作用也差不多。

這本書目的不是要告訴大家，全世界盡是災難，我們全都完蛋了，這種說法推特上早就有了。不，我的目的甚至也不是要說，現代社會的問題都比從前更嚴重。在某些特定方面，現代明顯進步很多。從世界銀行的統計數據來看，全世界生活在嚴重經濟困境中的人口正急遽下降，過去三十年間，超過十億人脫離極端貧困狀態。再想想全球因為施打疫苗而存活下來的數百萬名孩童。二〇一七年，尼可拉斯・克里斯多夫（Nicholas Kristof）在《紐約時報》一篇文章就指出，「如果父母失去孩子是人所能遭遇最悲慘的事，現在遇到這種悲劇的機率約比一九九〇年少了一半。」因此，人類之間雖仍普遍持續上演著暴力、不寬容和經濟的不公義，但放大到最宏觀的規模來看，還是有值得自豪並懷抱希望的理由。

問題在於，每個年代都有獨一無二的複雜挑戰。很多事情改善了，但並不代表所有事情。不平等待遇依舊存在。也有新的問題浮現。大家擁有的物質比以往多更多，卻常常生活在恐懼之中，或覺得無力，甚至有自殺傾向。

同時我深切意識到，常有人列舉現代生活的好處，健康、教育、平均收入，但這個方法幫助不大。反而像在責怪憂鬱的人不知惜福，又沒有人死掉，難過什麼。這本書希望肯定的是，我們的感受就和我們擁有的事物一樣重要，心理幸福感與身體健康有同等價值——事實上，幸福感就是身體健康的一部分。在這些方面，現代社會似乎出了什麼差錯。

現代社會令人心情不好，就算有其他再多好處都無關緊要，因為心情不好就是很討厭。心情不好時，還有人說我們沒道理心情不好，想也知道聽了只是更煩而已。

我希望這本書把這些令人焦慮的新聞標題當作參考背景，思考我們如何在一個恐慌潛伏的世界裡保護自己。因為就算擁有再多其他東西，我們的心靈依然脆弱。許多心理健康問題經過量化後數字都在上升，只要相信心理幸福感是重要的，就有相當急切的必要，檢視這些變化背後可能的原因。

心理健康問題並不是：

流行／時尚／潮／名人圈的新趨勢。

也不是：

對心理健康問題意識提升導致的結果。

不論何時何地都很容易開口。

從以前就是這樣。

陰與陽

說來，這是一個一體兩面的故事。

我們多數人生活在已開發世界，確實有很多值得慶幸的事。壽命增長、嬰兒夭折率下降、食物與住所取得相對容易、沒有席捲全球的世界戰爭。基本生理需求多半都能解決，所以多數人生活在日復一日相對的安全當中，頭上有屋頂，桌上有食物。但部分問題解決以後，接下來會遇到什麼？某些社會進步是不是引起新的問題？答案是肯定的。

我們有時候會覺得，匱乏的問題好像暫時解決了，取而代之的卻是過剩的問題。四下瞧瞧，人人都想改變現有的生活方式，方法不外乎是減法與捨棄。節食減重就是一個顯而易見的例子，表現出對限制約束的熱忱，但也別忘了一年奉獻數月吃素或禁酒的風潮，還有愈來愈多人希望「戒數位癮」。正念、冥想、極簡生活的發展，顯然乃是應運超載文化而生。二十一世紀生活狂熱的陽面，要用陰的一面對抗。

崩潰

最近一次的焦慮發作被我拋到腦後不久，我開始動搖。說不定這一切全是個笨主意。

我開始懷疑，一直糾結於焦慮這個問題，會不會反而讓自己更糟。但不久我又想起來，逃避問題本身也是個問題。因此才會有人在辦公室或教室崩潰，勒戒中心和醫院人滿為患，自殺人數節節上升。於是我決定，搞清楚狀況對我很重要。我想找出樂觀的理由，以及快樂的方法，但首先，我需要掌握真實的情況。

舉例來說，我個人需要知道為什麼**慢下來**會讓我害怕，我就好比坐在一輛高速行駛的公車上，要是時速低於五十英里，車子就會爆炸。我想搞清楚我的速度與世界的速度有沒有關聯。

理由很簡單，一部分也算是為了我自己。我很害怕我的心思飄到奇怪的地方，怕得不得了，因為我知道它曾經飄到哪裡去。我也知道，我二十幾歲的時候會生病，一部分原因跟我當時的生活方式有關：我喝酒、睡不好、一心想成為我不是的那種人，再加上社會給的壓力。我再也不想回到當時的狀態，所以我得保持警覺，要小心壓力把人帶往哪裡，也要注意壓力從何而來。我想知道，有時候我覺得自己瀕臨崩潰，會不會是因為這個世界有時候也瀕臨崩潰。

崩潰不是一個精確的詞，這或許能說明為什麼近年來醫學專業人士避免使用這個詞，但探究這個字的根本，我們能體會它表達的意思。字典給的解釋是：「一、機器故障」和「二、關係破裂或系統失靈」。

不必費心去看，也很容易看出崩潰前的警訊不光出現在我們自己身上，也出現在整個世界。如果有人說整個地球可能正走向崩潰，聽起來可能很誇張。但我們都確實知道，不論在科技、環境、政治領域，世界確實在改變，而且是飛快地變。正因如此，我們更有必要了解如何編輯這個世界，才不至於被世界逼瘋。

生活多美麗但是……

生活是美麗的。

哪怕是現代生活，可能**尤其**是現代生活。我們周遭充滿無數一眨眼便消失的魔法。我們拿起一台裝置就能聯絡半個地球外的人。選擇度假地點時，我們能瀏覽中意的那家飯店，看上星期才住過的房客留下的評論。我們能看到非洲廷巴克圖每一條道路的衛星影像。生病了可以看醫生，抗生素能治療一度會致命的疾病。我們上超市能買到越南的火龍果和智利的葡萄酒。如果不認同政治人物說的話或做的事，很輕易就能提出異議。我們能接觸到更多資訊、更多電影、更多書、更多一**切**。

回到一九九〇年代，微軟的廣告標語問：「你今天想去哪裡？」這是一個無須回答的反詰問句。進入數位年代，答案是**哪裡都能去**。引用哲學家齊克果（Søren Kierkegaard）的話，焦慮可能是「自由帶來的暈眩」，但現代人有這麼多選擇的自由，確實是個奇蹟。

可是，選擇無限，人生卻有限。我們不可能體驗每種人生。不可能看完每一部電影、讀過每一本書、走遍地球上每一個角落。我們需要編輯眼前的選項，才不會被選擇拖累。我們需要找出什麼對我們好，其餘甘心放下。我們不需要另一個世界。我們需要的一切都在這裡，只要我們放下什麼都需要的念頭。

看不見的鯊魚

焦慮令人沮喪的一點，就是往往很難找到焦慮背後的原因。眼前可能沒有任何看得見的威脅，然而你還是徹底感到害怕。從頭到尾只有緊張懸疑的氣氛，沒有動作情節。就像沒有鯊魚的《大白鯊》電影。

但鯊魚多半是存在的，象徵的、看不見的鯊魚。就算有些時候，我們覺得自己無緣無故煩惱，背後還是都有原因。

「你需要一艘更大的船。」《大白鯊》電影裡的布洛迪警長說。

這或許也是我們實際遭遇的問題。不是象徵的鯊魚，而是我們心中象徵的船。如果我們知道鯊魚在哪裡、怎麼做才能平安地航行，也許我們就更能適應這世界。

當機

我有時候覺得我的腦袋像電腦開了太多視窗。桌面太多散亂的檔案。我的腦中有一盞轉呀轉的七彩霓虹燈，讓我動彈不得。要是我能想辦法關掉一些視窗，要是我能把一些資料夾拖進資源回收桶，我就會好多了。但如果每個視窗看上去都這麼重要，我該選擇關閉哪一個？當全世界都超載，我要怎麼防止自己的頭腦超載？我們**什麼都能想**，所以不難想見有時到了後來我們**什麼都要想**。我們可能偶爾必須勇敢一點，把視窗統統關閉，才能為自己重新開機。斷線是為了重新連線。

變快的事物

信件．汽車．奧運短跑選手．新聞．資訊處理能力．照片．電影場景．金融交易．旅行．世界人口成長．亞馬遜雨林砍伐．航海．科技進步．人際關係．政治事件．你腦袋裡的念頭

災難全年無休

擔心是個小巧可愛的字眼，發音聽起來好像能盯著瞧的小動物。但是擔心未來——未來十分鐘、未來十年，卻是我想活在此刻、感恩當下的最大障礙。

我是一個杞人憂天的人。我不光是擔心而已，不是。我的擔心野心勃勃，我的擔心沒有極限。即使我沒有焦慮症，我的焦慮仍大到無遠弗屆。我很早就發現，想像最壞情況並沉溺其中，是很容易的事。

從有記憶以來，我就是這樣子了。我好幾次以為自己得了怪病，即將不久於人世，還為此去看醫生，那些病都是我上網查來的。讀小學時，媽媽只要晚一點來接我，我不用一分鐘就能讓自己相信，她一定是出了可怕的車禍死掉了。那種事當然從來沒發生，但從來不能排除**有可能**發生的機率。媽媽一分鐘沒來，就有一分鐘代表她可能**再也不會**出現。

比起災難不太可能發生的理性想法，我腦中更常盤踞的是想像災難的可怕細節、壓扁的鐵條和破碎的擋風玻璃噴濺在路上閃閃發光。安德莉亞要是沒接電話，我就忍不住想像她是不是摔下樓梯，甚至人體自燃了。我擔心自己無意間惹人生氣。擔心我不夠確定自己有哪些權利。我擔心有人冤枉坐牢。我擔心人權被濫用。我擔心偏見、政治、汙染，擔心這個我的孩子與他們整個世代將要繼承的世界。我擔心所有因為人類而瀕於滅絕的物種。我擔心我的碳足跡。我擔心世界上各種我沒能阻止的苦痛。我擔心我太過沉溺於自己的世界，而這又讓我更加深陷於自己的擔憂之中。

多年前，我還沒實際有過性經驗時，我就已經會想像自己得了愛滋病，英國政府一九八〇年代在電視播出的恐怖宣導廣告，果然效力強大。吃到味道不對勁的食物，我立刻會想像自己食物中毒送醫，雖然我這輩子只有一次真的食物中毒。

我在機場無法不感到疑神疑鬼，結果也因此表現得疑神疑鬼。

每個新長出來的腫塊、潰瘍或黑痣都可能是癌症。每次一時想不起某件事，都是早發性阿茲海默症。例子太多太多了。何況這些都還是我心情相對平穩的時候。我發病時，杞人憂天的程度更是突破雲霄。

現在想想，那其實就是我焦慮的主要特徵。我會不停想像**事情可以演變到多慘的地步**。也是直到最近我才明白，整個世界都在加深這種焦慮。我們的心理狀態——是真的生病也好，只是緊張焦慮也罷，一定程度上都是社會狀態的產物。**反過來也一樣**。我想理解這顆焦慮的星球發生了什麼事，才變成這樣。

覺得有點壓力和實際生病之間有著天壤之別，但就拿肚子餓和飢荒比喻好了，兩者依然息息相關，影響前者的原因（如缺少食物）也會影響後者。也因此，在我沒生病但是感到有壓力時，那些會讓心情稍有惡化的東西，往往就是病發時會讓我心情**嚴重**惡化的東西。生病時學到的事，比如做什麼會不舒服，反過來也能套用於病情好轉的時候。再怎麼說，痛苦是人的良師。

前一章說不完的其他煩惱

因為永遠有更多煩惱。

——**新聞**。

——**地鐵**。每次搭地鐵，我總會想像所有可能出的差錯。列車可能困在隧道。可能發生火災。遇到恐攻。我可能剛好心臟病發。有一次我還真的在地鐵上遇到讓人嚇破膽的經驗。我步出巴黎地鐵車廂，迎面一股催淚瓦斯刺得我口乾舌燥。原來有工會勞工在街道上與警察對峙，警方發射的幾枚催淚瓦斯離地鐵站太近了。我當時不知道原因。當下，我用圍巾遮住臉，勉強呼吸，我還以為發生了恐攻。結果不是。但光是「以為」就是一種創傷了。蒙田說過：「害怕受苦者，已因害怕而受苦。」

——**自殺**。我年輕時雖然曾有自殺傾向，差點跳下懸崖，不過近來，我對自殺的執念已經從想自殺的意志，變得比較像是害怕自殺這件事本身。

——**其他健康煩惱**。比方說：驚嚇過度導致心臟突然衰竭（荒唐到不太可能發生）；極度厭世的憂鬱症，我會永遠困在原地，再也走不出來，如同看到蛇髮女妖的眼睛；心臟病（出於遺傳因素，我有膽固醇過高的毛病）；太早就死、老而不死，總之就是煩惱壽命這件事。

——**外表**。男人不煩惱外表已經是過時的迷思了。我就很煩惱我的外表。我曾經定期買《男士健康》雜誌（*Men's Health*）回來膜拜，照著裡面的內容做運動，希望做完會看起來像封面的模特兒。我也煩惱我的頭髮，髮質好不好、會不會掉髮。我還煩惱過臉上的痣。我以前會長時間盯著鏡子，以為能說服鏡子改變心意，照出一張帥臉。我現在還是會煩惱臉上的皺紋，但漸漸能釋懷了。說來可能矛盾至極，不過能治好擔心變老的煩惱，有時候反而就是靠變老。

——**罪惡感**。我不時會感到歉疚，沒能當一個理想兒子、理想丈夫、理想公民、理想的人類。工作太認真，我會因為冷落家人有罪惡感，但工作不夠認真，我也有罪惡感。不過，罪惡感不見得總有原因，有時就只是一種感覺。

——**永遠不夠好**。我煩惱自己少了什麼，也煩惱該怎麼彌補。我常常感覺心中有一個象徵性的空洞，好幾次都設法用各種東西填滿那個洞——酒精、派對、推特、處方藥、成藥、運動、食物、工作、名氣、旅行、花錢、賺更多錢、寫書出版。這些當然都不完全有效。我拋進洞裡的東西，往往只是把洞挖得更深。

——**核武**。只要新聞播出核子武器的相關消息，我望出每一扇窗戶都彷彿能看見核爆的蕈狀雲。最近這些消息的數量似乎逐漸增加。前美軍上將奧瑪．尼爾森（Omar Nelson）說的話，今天仍響起令人發毛的回音：「我們的世界是一個由核子巨人和道德嬰兒構成的世界。我們很懂得殺人，卻不太懂得生活。」

——**機器人**。這可不是在開玩笑。人類的機械化未來確確實實引人擔憂。我拒用自助結帳機，以示支持人類抵抗的堅定決心。但反過來說，思考機器人問題有時候也讓我深刻思考另一個誘人的問題——何謂活著。

五個人類值得開心的理由

1. 莎士比亞不是機器人。艾蜜莉・狄金生不是機器人。亞里斯多德不是，歐幾里德也不是。畢卡索不是。瑪莉・雪萊不是（雖然她很有可能會寫機器人的故事）。你愛過、在乎過的每一個人都不是機器人。人在其他人眼中充滿神奇魔力。而我們也是人。

2. 我們很神秘。我們不知道我們為什麼在這裡。我們必須自己創造意義。機器人是為了各種任務或一系列任務而設計的。我們存在了幾千個世代，依然在尋找答案。這個謎團十分迷人。

3. 你的祖先曾經寫詩、在戰爭中英勇奮戰、愛上某人、與人共舞、望著日落發愁。未來一個有情感的機器人，它的祖先會是一臺自助結帳機和一臺有瑕疵的吸塵器。

4. 這張清單其實只有四項。我只是要讓機器人看了標題之後被搞混。不過，我真的問過網路上一些朋友，人類為什麼比機器人好，他們給了各式各樣的答案：「自嘲式幽默」、「愛」、「柔軟的肌膚和性高潮」、「奇蹟」、「同理心」。也許有一天，機器人也能發展出這些東西，不過現在，這些答案適時提醒了我們，人類還是滿特別的。

到哪裡為止是焦慮，從哪裡開始是新聞？

所有杞人憂天的念頭都很不理性，卻有動員情感的力量。這點不只焦慮的人知道。廣告商知道。保險業務知道。政治人物知道。新聞記者知道。政治倡議者之道。恐怖分子知道。

性並不是真正的商機所在，真正的商機是恐懼。何況現在，我們連**想像**最慘的災難都不必，我們親眼就能看到。手機有攝影功能之後，人人都成為民間記者。每當有駭人聽聞的事件發生，恐怖攻擊、森林火災、海嘯來襲，現場一定有人在拍攝。

我們的噩夢有了更多食糧。我們不再像以前的人那樣，從一家慎思熟慮的新聞報紙或電視新聞報導獲取資訊。我們從各種新聞平台、社群媒體和郵件得知消息。而且除此之外，電視新聞本身水準也不如以往。新聞一則接一則都號稱是獨家即時快報。而且新聞愈聳動，收視率愈高。

這不表示所有新聞人都想要壞新聞。有些人的確是自願想要，從他們挑起爭議的呈現方式就看得出來。但就算是最優質的新聞頻道也希望有高收視率，多年來，他們早已發現哪些內容吸睛、哪些沒用，同業之間為了爭搶觀眾目光，競爭更加激烈。這也是為什麼現在看新聞，有時讓人覺得像在看焦慮症的示範，集所有病徵於一身：多重切割畫面，同時多個人頭在講話，跑馬燈上沒完沒了的訊息，全都是焦慮的視覺表現。各種噪音和聳人聽聞的情節全部衝撞在同一畫面。就連沒什麼大新聞的日子，我們看新聞還是覺得有壓力。因為說真的，早就已經沒有所謂的輕鬆新聞這種東西了。

等到真正出了大事，串流不停的目擊敘述、專家推測和手機影片，根本無濟於事。這些都是感官刺激，不是資訊情報。如果你發現新聞嚴重干擾你的心情，就該趕快**關掉它**。被播個沒完的新聞搞得癱瘓無力，對你沒有半點好處。

新聞無意識模仿了恐懼運作的方式——只注意最壞情況，小題大作，針對同一個令人擔憂的主題，聽取重複不斷的資訊。也因此，現在有時候很難分辨到底哪些是你的焦慮症狀，哪些是實際的新聞。

所以我們應該記住：**不看新聞**沒什麼大不了。**不上推特**沒什麼大不了。**關機離線**沒什麼大不了。

2

看見全貌

「我們很少意識到這件事，比方說，
我們最私密的想法和情緒
其實也不是自己的。
因為我們都透過語言和圖像思考，
但這些語言和圖像不是我們發明的，
而是社會賦予我們的。」

艾倫・沃茨（Alan Watts），
《反文化的文化》（*The Culture of Counter-Culture*）

生命步調很快

當然，從宇宙的觀點來看，人類歷史十分短。

我們的存在時間不長。地球年齡大約四十六億年。智人，Homo sapiens，我們這個獨特、美妙但也問題多多的物種，只存在約二十萬年。況且還是直到最近五萬年才加速演化發展。我們開始穿獸皮當衣服。開始習慣埋葬死者。我們的狩獵工具愈來愈先進。

已知最古老的洞穴壁畫可能位在印尼，有四萬多年歷史。放諸地球觀點，四萬年只是一眨眼的事。但藝術還比農耕古老。農耕文化根本形同昨天才出現。

我們擁有農場只是這一萬年的事。書寫更是剛剛才誕生，目前所知最久遠的書寫，大約出現在短短五千年前。

文明發源於兩河流域（約在今日地圖上的伊拉克至敘利亞一帶），歷史未及四千年。但當文明興起之後，一切都開始**飛速發展**。現在請大家扣好安全帶。錢幣。第一個拼音字母。第一個音符系統。金字塔。佛教、印度教、基督教、伊斯蘭教、錫克教。蘇格拉底哲學。民主觀念。玻璃。劍。戰船。運河。道路。橋樑。學校。捲筒衛生紙。時鐘。指南針。炸彈。眼鏡。地雷。槍。更好的槍。報紙。望遠鏡。第一架鋼琴。縫紉機。嗎啡。冰箱。跨洋電纜線。充電電池。電話。汽車。飛機。鋼珠原子筆。爵士樂。猜謎節目。可口可樂。聚酯纖維。核武。火箭上月球。個人電腦。電玩遊戲。該死的**電子郵件**。網際網路。奈米科技。

咻——。

但就算只論過去四千年，這些變化也不是一條平滑向上的直線。而是一道職業滑板選手看了都膽怯的陡峭弧線。改變或許是常數，但改變速率不是。

如何在變化的世界保有人性？

心理治療師常說，生活發生劇烈變化是引發心理健康問題的一項重大因素。變化時常引起恐懼。搬家、失業、結婚、收入增加或減少、家人過世、診斷出疾病、滿四十歲，諸如此類。有時候，即使從表面來看是好的變化，例如生孩子、升官加薪，變化的強度一樣能造成震盪。

不過，如果不只是個人層面的變化呢？

如果變化影響到每一個人呢？

如果整個社會或全人類，在同一時期經歷深刻的變化，會怎麼樣？

如果是那樣，然後呢？

這些問題當然都是假設。假設世界正在變化，世界正在如何變化？最主要且最能被衡量的變化發生在科技領域。沒錯，社會、政治、經濟、環境也有變化，但科技與這些全部相關，也是這些變化背後的一項因素，所以我們姑且先從科技說起。

當然，人類這個物種向來受科技影響。科技是一切的基礎。科技最寬鬆的定義指的只是工具或方法。可以是語言。可以是用來生火的燧石和枯枝。很多人類學家說，科技演進是人類社會發展最重要的動力。諸如生火、輪子、耕田的犁具或印刷術等發明，重要性不光是立即的用途，更在於這些東西對社會整體發展的影響。

十九世紀，美國人類學家摩爾根（Louis H. Morgan）認為，科技發明引領人類步入嶄新的時代。他把社會演進分為蒙昧、野蠻、文明三個階段，各階段會因科技躍進而進入下個階段。這種說法放到現在來看，我覺得有點可議，因為當中暗示從「蒙昧」到「文明」的道德觀，現在漸漸受到質疑。

其他專家有不同說法。一九六〇年代，俄羅斯一位調查外星人的天體物理學家卡爾達肖夫（Nikolai Kardashev）認為，衡量進步最好的方法是衡量**資訊**。萬物之初，頂多只有我們基因內含的資訊。而後出現了語言和書寫和書，終至出現了資訊科技。

如今，當代社會學者和人類學者大都同意，人類正朝向後工業社會邁進，變化步調比以往都快。

但究竟多快？

根據摩爾定律——命名自英特爾電腦的共同創辦人，戈登．摩爾（Gordon Moore），也是由他預測出的定律，即電腦的處理能力每隔幾年就會提高一倍。這條指數增加的直線，也是你口袋裡小小的智慧型手機，承載能力遠比一九六〇年代與房間同大的巨型電腦還強的原因。

但如此迅速的成長能力並不只限於電腦晶片，也發生在各式各樣的科技產品，從儲存裝置的容量到網路頻寬。這些都顯示科技不只進步，還進步神速。進步又會孕育進步。

電腦如今可以用來製造新的電腦，需要的人類參與愈來愈少。這表示很多人開始擔心（也有人盼望）「科技奇點」（singularity）的到來。這可以是狂熱夢想，也可以是惡夢。奇點指的是人工智慧超越人類、比世界上最聰明的人還要聰明的那一點。到了那個時候，看你內心傾向樂觀或悲觀的程度如何，我們可能會與這項科技融合一起進步，變成不朽的快樂生化機械人，也可能是有情感的機器人、筆記型電腦和烤麵包機會取代我們，我們會淪為它們的寵物或奴隸，或是一頓豐盛佳餚。

誰知道呢？

但我們正朝著其中一個方向前進。照世界知名的電腦科學家兼未來學家雷．庫茲威爾（Ray Kurzweil）說，科技奇點近了。他為了強調這件事，還寫了一本暢銷書，書名就叫作，呃對，《科技奇點近了》（*The Singularity Is Near*）。

他在本世紀之初宣稱，「二十一世紀，人類經歷的不會是一百年的進步，（按照今日速率不變的話）比較接近兩萬年的進步。」庫茲威爾可不是嗑了藥的瘋子或科幻片看太多。他的預言往往成真。舉例來說，他在一九九〇年預測電腦能在一九九八年以前擊敗西洋棋冠軍，大家都笑他。但就在一九九七年，全世界最厲害的西洋棋手，加里・卡斯巴洛夫（Garry Kasparov），敗給了 IBM 的電腦「深藍」（Deep Blue）。

別的不說，想想本世紀初這二十年內發生了多少事情就好。想一想所謂的常態改變得多快。

網路佔領了我們的生活。我們愈來愈依賴一代聰明過一代的智慧型手機。人類基因組哪怕成千上萬，靠機器也能定序了。

自助結帳機現在已經是基本配備。無人自駕車也已從遙不可及的預言化為真實世界裡具體存在的商業模式，計程車司機都因此害怕失業。

想想看。西元二〇〇〇年還沒有人知道什麼是自拍。Google 剛剛出現，但距離變成網路搜尋的同義詞還很遙遠。當時還沒有 YouTube，沒有影音部落格，沒有維基百科，沒有 WhatsApp，沒有 Snapchat，沒有 Skype，沒有 Spotify，沒有 Siri，沒有臉書，沒有比特幣，沒有 gif 動態圖檔，沒有 Netflix，沒有 iPad，沒有「lol」（哈哈哈）或「ICYMI」（怕你沒聽過）這些網路縮寫，沒有笑中帶淚的表情符號；幾乎沒有人有衛星導航系統，看照片要翻實體**相簿**，雲端（cloud）也曾經只代表可能會下雨。在寫這一段的同時，我都能預見這些東西多快就會過時。再過兩三年，多少項目已經得從上述清單中尷尬刪除，多少科技品牌和科技發明還沒真正問世便已消失。沒錯，想想這一點。想想那些才不過短短幾年就落伍的科技。想想傳真機、舊式行動電話、光碟片、撥號數據機、Betamax 和 VHS 錄影帶、第一代電子閱讀器、Yahoo 地球村（GeoCities）和 AltaVista 搜尋引擎。

所以，不論你我對於科技奇點的前景有何想法，至少有兩件事可以肯定：一、我們的生活只會愈來愈科技化。二、科技變化的速度正愈來愈快。

除此之外，正如同科技向來是社會變遷最根本的因素，科技令人目不暇給的變化步調也不斷觸發其他變化。我們正走向眾多交錯的奇點。眾多其他無法回頭的點。也許我們早已通過了某一些點，只是沒有發現。

不盡然是好的變化

世界在某些方面或許快速進步，但變化速度未必讓所有人都能保持冷靜與理智。有些變化受到科技推波助瀾，更是快過其他方面。舉例來說：

—**政治**。右派和左派趨向兩極，部分是受到社群媒體的回聲室效應和鍵盤戰場的助長，協商妥協、共同立場、客觀事實的觀念在網路上似乎已過時。網路世界中，借用美國社會學家雪莉・特克（Sherry Turkle）的話來說，「我們對科技的期待，勝過對彼此的期待。」明明是需要交流分享的地方，我們一心只想做自己。這項改變也有好的方面。很多立意良善的事，包括對心理健康的認識，多虧網路具有的病毒傳播特性，大眾認知程度都提高了。但當然也不是樣樣都好。社群媒體上假新聞增加，惡意散播政治謠言的殭屍帳號入侵推特，以及網路個資大規模外流，這些都已經影響了我們的政治，把政治導向奇怪且無可挽回的方向。

—**工作**。機器人和電腦搶走人類的工作。老闆搶走員工的週末。工作漸漸變成一個去人性化的過程，好像人類存在是為了服務工作，而不是以工作服務人類。

—**社群媒體**。社群化的媒體快速佔領我們的生活。對於我們這些使用者來說，我們的臉書、推特和 Instagram 頁面，儼如一本以我們為主題的雜誌。這能有多健康？我們看到愈來愈頻繁的道德侵害事件，例如劍橋分析公司（Cambridge Analytica）透過臉書不法收集數百萬人的心理量表，且利用這些資料左右選舉結果。除此之外，還有其他嚴重的心理影響。不斷呈現自己、包裝自己，馬鈴薯佯裝成酥脆洋芋片。不斷看到別人最美的樣子、別人到處去我們沒去的地方、做我們無法做的好玩事。

—**語言**。根據倫敦大學所做的研究，現代英語的變化速度比歷史上任何年代都快。用於輔助溝通的簡訊火星文、縮寫字、頭字語、表情符號、動態圖片不斷增加，可見科技發展如何影響語言（也可以想想幾百年前，印刷機的發明促成拼音和文法統一）。所以說，改變的不只是大家說話的內容，還包含大家說話的方式。如今有好幾百萬人以簡訊對話的次數，比面對面說話的次數還多。這是史無前例的轉變，而且就發生在一代之間。這件事本身不是壞事，但肯定是一件大事。

—**環境**。有些變化很明顯是壞的。說得更直白，是**壞**到令人啞口無言。地球環境的變化如此劇烈，不少科學家已經提出一個概念，說我們——應該說我們的地球，已經徹底進入一個新階段。二〇一六年，在南非開普敦舉行的國際地質會議上，頂尖科學家指出我們正脫離全新世（Holocene epoch），也就是說，自從上一次冰河時期以來，氣候穩定的這一萬兩千年結束了，我們步入一個截然不同的時期，名為「人類世」（Anthropocene），又稱「人新世」（new age of man）。二氧化碳排放大幅加速、海平面上升、海洋汙染、塑膠增加（根據世界經濟論壇調查，塑膠產量從一九六〇年代至今增加了二十倍）、物種快速滅絕、森林砍伐、農漁業工業化，還有都市開發，看在科學家眼裡都表示人類已經進入一段新的地質年代。所以基本上來說，現代生活正在慢慢殘害這顆星球。這麼毒的社會，不意外地也會傷害我們自己。

未來式

進步如果發生太快，有時會讓當下感覺已經是未來。看到網路上瘋傳的影片，跟人類身形相仿的機器人在後空翻，感覺現實已變成了科幻小說。

而我們被鼓勵要嚮往這樣的狀態。「擁抱」未來，「放下」過去。整個消費主義就奠基於此，要我們喜新厭舊，想要**下一樣東西**，不要**現在已經擁有的東西**。這簡直是製造不快樂的完美配方。

我們不被鼓勵生活在當下。我們被訓練成生活在他方——在未來。從小我們就被送去讀幼稚園，接受學前教育，顧名思義就在提醒我們接著會面臨的是什麼，真正上學。進了學校，孩子從愈來愈早開始被鼓勵要努力用功才能通過考試。到後來，這些考試演變成實際的測驗，我們都知道測驗會左右未來重要的選擇，例如我們能不能繼續追求高等教育，還是十七、八歲就出去找工作。就算進了大學也不代表到此為止。還會有更多考試、更多測驗、更多向我們逼近的決定。更多的**你認為幾年後你會在哪**

裡？更多的**你打算走哪一條路？**更多**謹慎思考你的未來**。更多**長遠來看凡事都會有結果**。

整個教育過程，我們不斷被灌輸一種本末倒置的專注——一種未來學，偽裝成數學、文學、歷史、電腦程式或法語，我們在學習過程中被教導要考慮另一個不同於現在身處的時空。到時候考試、到時候工作，到時候長大。

當學習不再是為了學習，只是因為能換得什麼才學習，大大降低了人性的美妙之處。我們是會思考、會感受、會創造藝術、渴求知識的奇妙動物，經由學習行為來認識自己和身處的世界。學習本身就是目的。學習賜予我們的，遠遠多過提供我們寫在履歷表上的那些東西。學習是喜愛現在生活的一種方式。

我漸漸意識到，我很多遠大抱負錯得多麼離譜。我發現自己是多麼違背當下。不論眼前擁有什麼，我一直想要**更多**。我需要想辦法靜下來，置身當下，然後像我奶奶常說的那樣，**有現在這些就很滿足了**。

目標門檻

考到好成績，你就會快樂了。

等上大學，你就會快樂了。考上了好大學，你就會快樂了。找到工作，你就會快樂了。加薪，你就會快樂了。升官，你就會快樂了。自己當老闆，你就會快樂了。有錢，你就會快樂了。能在地中海小島擁有一片橄欖莊園，你就會快樂了。

有人**那樣**看你一眼，你就會快樂了。談戀愛，你就會快樂了。結婚，你就會快樂了。等生了孩子，你就會快樂了。如果你的孩子正好是你想要的那種孩子，你就會快樂了。

離家，你就會快樂了。買房子，你就會快樂了。付清房貸，你就會快樂了。庭院大一點，你就會快樂了。最好是在鄉間，友善的鄰居會在七月晴朗的星期六邀你們過去烤肉，你們的孩子在和煦微風中一起玩耍。

要是唱歌好聽，你就會快樂了。要是能在觀眾面前唱歌，你就會快樂了。要是首張專輯贏得葛萊美獎，在三十二個國家都是排行榜冠軍，連立陶宛也不例外，你就會快樂了。

寫文章，你就會快樂了。書要是能出版，你就會快樂了。要是能出第二本書，你就會快樂了。寫出暢銷書，你就會快樂了。登上暢銷書榜冠軍，你就會快樂了。有人把你的書翻拍成電影，你就會快樂了。翻拍成經典大片，你就會快樂了。能成為J.K. 羅琳，你就會快樂了。

有人喜歡你，你就會快樂了。更多人喜歡你，你就會快樂了。人人都喜歡你，你就會快樂了。大家都夢想著你，你就會快樂了。

長得不錯，你就會快樂了。走在路上有人回頭，你就會快樂了。皮膚光滑一點，你就會快樂了。小腹平坦，你就會快樂了。有六塊肌，你就會快樂了。有八塊肌，你就會快樂了。你的每張照片在 Instagram 上面都有一萬人按讚，你就會快樂了。

超越世界上的悲傷與痛苦，你就會快樂了。與天地和諧共存，你就會快樂了。你就是天地，你就會快樂了。你是神，你就會快樂了。你是眾神之神，你就會快樂了。你就是宙斯，在奧林帕斯山的雲巔霧頂俯視著天空，你就會快樂了。

說不定吧，說不定啦。說不定哦。

說不定

說不定快樂無關於我們個人。說不定快樂不是會**降臨**我們心中的東西。說不定快樂要向外而非向內才感覺得到。說不定快樂不在於**因為我們有那個價值**所以應該擁有什麼。說不定快樂無關乎我們能**獲得**什麼。說不定快樂在於我們已經擁有了什麼。說不定快樂關乎我們能夠**給予**什麼。說不定快樂不是我們能揮揮網子捕捉的蝴蝶。說不定沒有哪一種方法絕對可以快樂。說不定只有說不定。如果（跟艾蜜莉．狄金生說的一樣），「永恆——由每一個當下組成——」，說不定每一個當下都由說不定構成。說不定人生的重點就在於拋開必然肯定的事，擁抱人生美麗的未知數。

3

非關外表

「這不是很奇怪嗎，
年輕人現在看的不是事物的原貌，
而是扭曲失真的照片。」

—— 英國演員黛西．蕾德利（Daisy Ridley）
說明她為何不再用 Instagram

美麗卻不快樂

人類歷史上從來沒像現在一樣，有這麼多隨手可得的產品和服務可以滿足我們外表更年輕、外貌更迷人的目標。

日霜、晚霜、頸霜、護手霜、去角質霜、仿曬噴霧、眼影、抗老化凝膠、抗橘皮乳液、面膜、遮瑕膏、刮鬍膏、修鬍刀、粉底、唇膏、居家蜜蠟除毛組、舒緩精油、毛孔矯正精華、眼線筆、肉毒桿菌、護手指甲、修腳趾甲、微晶磨皮（microdermabrasion，光聽名字，好像現代去角質和中世紀酷刑的怪怪合體）、泥浴、海藻裹敷、充分發展成熟的整形手術。市面上有修容刀、修鼻毛刀，還有私密毛髮專用刀（又稱「身體理容刀」）。你有那個興致的話，連肛門都可以漂白。（「私密部位漂白」市場日漸蓬勃。）

這是屬於美容部落客、化妝教學影片主、線上健身教練的時代，世界上從不曾充斥這麼多教人如何變好看的意見。我們被減肥書、健身房會員、「夢幻腹肌」體操、

「動作明星」健身操，還有「臉部瑜珈」的YouTube影片轟炸。產品做不到的事，還有更多數位應用程式和相機濾鏡可以輔助。只要有心，你我都可以把自己打造成不切實際的憧憬，把鏡中看到的景象與數位美化後的形象差距拉得更大。女人——以及愈來愈多男人，為了改善外表下的工夫愈來愈多。

但即使有這麼多可以變美的新方法，我們仍舊不滿意自己的外表。二〇一五年，GfK行銷研究集團做了目前規模最大的全球調查，結果發表於《時代》雜誌，指出全球有數百萬人不滿意自己的外表。在日本，有38%的人對外表嚴重不滿意。很有趣的是這項調查顯現，一個人對外表的觀感受居住國家的影響遠比性別等因素更大。甚至，全球各地都呈現相同趨勢，男人為外表焦慮的程度漸漸和女人一樣高。

你如果是墨西哥人或土耳其人，可能會覺得鏡中的自己長得不錯，這兩國有七成以上的人對外表「非常滿意」或「相當滿意」。如果是日本、英國、俄羅斯或南韓人，就很有可能討厭自己的樣子。為什麼有這麼多人——除了墨西哥人和土耳其人，都不滿意自己的外表呢？原因似乎不少：

1. 我們比以前更有能力提升外表，但對心目中的理想外貌，標準也更高了。
2. 我們受到更多世俗的審美形象轟炸。不只有電視、大銀幕和廣告招牌，還多了社群媒體，每個人都把最好看、套了最多層濾鏡的自己秀給全世界看。

3. 人類整體變得更神經質，對外表的擔憂也隨之增加。二〇一七年美國國家生物技術資訊中心的一項調查中，指出不滿意外表的人，「神經質比例較高，比較多焦慮依附或逃避依附類型，而且花較長時間看電視」。

4. 我們的外表跟很多事情一樣，被視為可以花錢（買化妝品、健身雜誌、營養食品、健身房會員等等）矯正的問題。但事實並非如此。更何況，就算擁有符合世俗標準的迷人外表，你也不會停止為外表煩惱。在日本和俄羅斯，長得好看的人並不比墨西哥和土耳其少。而且不用我說，很多非常好看的人，像是模特兒，比起其他不用走伸展台的人更加煩惱外表。

5. 我們依舊逃不過變老。包羅萬象的產品都想幫助我們看起來更年輕動人、少一點死氣沉沉，但都沒能解決最根本的問題。克蘭詩和倩碧公司生產了幾百萬噸抗老化乳液，但塗抹產品的人依然會老，差別只在於他們比其他人更擔心變老，這要歸咎於行銷廣告投入億萬美元，說服我們要為皺紋和老化感到羞愧。對青春外貌的追求突顯了對老化的恐懼。要是我們能接受變老，接受自己和別人的皺紋，說不定廣告商也就沒有那麼多的恐懼可以操作放大了。

我討厭我的臉

我以前是全校最高的男生，活像一根瘦竹竿。我為了長壯一點，暴飲暴食還狂喝啤酒。現在回想起來才發覺，我當時可能有一點身體畸形恐懼症（body dysmorphia）。我不喜歡活在這具身體裡，我也不喜歡這具身體。我一天做好幾組伏地挺身，每組五十下，咬牙忍耐痠痛，只希望體格能變得像動作巨星尚克勞・范達美（Jean-Claude Van Damme）。我不只是不喜歡我的身體，我憎恨我的身體。一般人有時以為這種極度強烈以身體為恥的感受只有青少女和女人會有。真希望能回到過去跟從前的我說：**已經夠了。這一點也不要緊，放輕鬆點。**

青少年時代，我曾經痛恨自己臉上的一顆痣，恨到拿著牙刷想把痣刷掉。但問題從來就不在那顆痣。問題出在我透過不安的鏡片看著自己的臉。我現在蠻喜歡那顆痣的。搞不懂以前何必那麼困擾，為什麼要成天盯著鏡子，希望那顆痣消失不見。

哈姆雷特對羅生克蘭（Rosencrantz）說：「事無好壞，是思考評判好壞。」他當然是在說丹麥，但這句話也適用於我們的外表。人往往覺得自己不夠好，但只要大家明白，他們的**感受**與煩惱的**實情**是兩回事，就知道其實沒這個必要煩惱。很多人都了解肥胖帶來的風險，但很少人意識到外表帶來的其他問題。假如我們對自己的身體觀感不好，該處理的是這個感覺，而不是實際的身體外觀。

佛羅里達州立大學的潘蜜拉・凱爾（Pamela Kheel）教授致力研究飲食失調與男女身體形象的問題，她的結論是即使改變外表也永遠無法化解對外表的不滿。「真正能讓你健康快樂一點的是什麼？」二〇一八年初，她在發表最新研究結果時問道：「是減掉五公斤，還是捨棄你對身體的有害態度？」而且當人對身體外觀不再那麼有壓力以後，不只心靈受惠，身體也連帶受惠。「人在身體感覺良好的時候，比較會好好照顧自己，不會再把身體視為敵人，甚至更慘的是把身體當成物品。這是一個強而有力的理由，值得我們重新考慮每逢新年許下的那些願望。」

這也許能解釋肥胖比例本身為何危險地攀升。我們要是能多接受自己的身體一點，就不會那麼虧待身體了。

過度為錢煩惱，有時反而會導致衝動消費，同樣道理，煩惱身體並不能保證我們就會擁有比較良好的體態。

一般人煩惱外表，擔心吃的油不油膩、有沒有瘦出大腿縫、有沒有「可以去海灘」的身材，這些壓力傳統上非常集中於單一性別，因為廣告商施加於女性的壓力相對大多了。今天，有愈來愈多男性也感受到這股壓力，社會對外表的期待已經超出多數男性的自然體態，要有健身房標準的身材、要為身體缺點感到丟臉、自拍要好看、要擔心白頭髮或掉髮，與此同時，女性煩惱外表的壓力也前所未有的大。我們沒有想辦法減低女性的外表焦慮，反而還把男性的外表焦慮也一併抬高。我們好像出於某種扭曲的平等觀念，在某些方面想盡辦法要讓大家一樣焦慮，而不是賦予大家同等的自由。

就在剛剛，我在推特上看到有人轉推一篇《紐約郵報》（*New York Post*）的文章，標題是「附有仿生陰莖的男性情趣娃娃將在二〇一九年前問世」。內文有一張這種情趣娃娃的照片——肌膚光滑無毛、真人曬不出的古銅光澤，還有永遠不會禿的頭髮，跟永遠硬挺的那話兒。當然，女性性愛機器人必然也在持續改良，狂熱甚至更大。這年頭，想長得像雜誌封面經過修圖的模特兒，已演變成一種問題。但下一階段會不會是想長得像虛擬人物或機器人一樣完美而乏味呢？我們乾脆說想抓住彩虹算了。

「大自然裡，」愛麗絲・華克（Alice Walker）寫道，「無一物完美，但萬物皆和諧。樹木或許扭曲彎折，奇形怪狀，但依然美麗。」我們的身體永遠不會像仿生性愛機器人一樣堅實、對稱、永不老化，因此我們要快點學會，就算沒擁有社會幻想的「理想」身體也一樣快樂，對自己這副身體的**原樣**滿意一點，何況對身體不滿意、為身體不開心，也不會讓我們變好看，只是讓心情更差罷了。比起外觀最完美的仿生性愛機器人，我們還是好上無限倍。我們是人類啊，別為長得像人覺得難為情。

海灘的信

你好。
我是海灘。
我是波浪和海潮創造的。
我由風化的岩石構成。
我與海洋相依存在。
我已經在這世界上幾百萬年了。
生命起源之初我也在旁見證。
我有一件事想告訴你。
我才不在乎你的身體。
我是一片海灘。
我完全不在乎你。

我對你的身體質量指數根本沒興趣。
你擁有肉眼就看得到的腹肌，也跟我無關。

我沒在注意你。
你只是二十萬個世代的人類中的一個。
在你之前的所有人我都看過。
我也會見到在你之後的世世代代。
很遺憾，不會再有這麼多人了。
我聽見海洋對我竊竊私語。
（海洋恨死你了，你們對她下毒，她都叫你下毒者。我知道有點誇張。但海洋就是這樣子，非常戲劇化。）
我還想告訴你另一件事。
就連海灘上的其他人也不在乎你的身體。
我沒騙你。
他們不是在看海，就是沉迷於**他們自己**的外表。

就算他們真的對你有什麼想法，你又何必在意？你們人類為什麼要一天到晚擔心陌生人的看法？

你們幹嘛不像我一樣？任由潮漲潮退，允許自己現在這個樣子就好。

自由自在。

就只是一片海灘。

如何停止煩惱老化這件事

1. 了解到其實老人並沒那麼為年紀煩惱，很多調查都指出這點。我找到最近的一篇是美國研究機構全國民意研究中心（簡稱NORC）在二〇一六年做的調查。NORC對三千多名成年人進行民調，發現老年人對老化的態度比青壯成年人樂觀：三十幾歲的受訪者僅有46%對老化表示樂觀，七十歲以上者相對則有66%。看來煩惱變老表示你還年輕。應該樂觀看待年老的最大理由，就是老年人自己都樂觀以待了。心理的韌性看來會隨年紀成長。

2. 老化就是會發生。對此我們無計可施。我們可以注意飲食、多運動、注重養生，但我們還是會**老**。我們的八十歲生日還是會在同一天。當然，我們能讓壽命更有機會邁入八十大關，但我們阻擋不了時間的齒輪運轉。這個必然的結果其實很令人放心。假如某件事我們注定束手無策，也就漸漸沒有必要為之煩惱了。「人都會死，」美國名導諾拉．艾芙倫（Nora Ephron）寫道，「你別無辦法。不管有沒有天天吃六顆杏仁都一樣。」

3. 你現在想像上年紀會遇到的問題，不見得真的會遇到。你又不是預言家諾斯特拉達姆士（Nostradamus），哪能預知你老了以後是什麼樣子。比方說你不知道你的心智會退化，還是會像馬諦斯（Matisse），隨著年紀增長而大放異彩，他最出色的一些作品都是八十歲之後才創作出來的。

4. 未來並不真實，未來是抽象的。我們能掌握的只有現在。一個現在之後接著下一個現在。我們只能存活於現在。老後的你可能有幾千幾萬種不同版本，但此時此刻的你只有一個版本，專心經營它。

5. 你會後悔當初的恐懼。布朗妮．維爾（Bronnie Ware）是一位安寧照顧服務員，她在《你遇見的，都是貴人》（*The Top Five Regrets of the Dying*）一書中，分享她與生命盡頭將至之人的對話經驗。不用說，他們最大的遺憾都是**花太多時間在恐懼**。布朗妮照顧的病人很多都深深懊悔自己把大半人生都浪費在擔心煩惱。人生被恐懼所吞噬。煩惱別人怎麼想他們。種種的煩惱反而讓他們無法誠實面對自己。

6.

擁抱，不要抵抗。擺脫老化焦慮的方法也許就是擺脫任何使你焦慮的方法。接受，而不否認。別顧著反擊，而是去感受。與其打肉毒桿菌，不如做點不用動刀的心理手術。重新建構你的審美觀。當個消費市場的叛徒。期待自己成為睿智的長者。當一根優雅融化的蠟燭。當一張有一萬條路的地圖。當那一顆比緋紅暮色更美的柑橘。當一個敢於真實的自我。

4

關於時間

恐懼與時間

「我們唯一要恐懼的，只有恐懼本身。」這句話最早是一九三二年，美國前總統小羅斯福在就職演說上講的，可能也是我這輩子反覆思索過最多次的一句話。在我第一次恐慌發作的日子，這句話彷彿在嘲笑我。我當時覺得，恐懼就已經很夠了。寫這本書的期間，這句話也盤旋在我腦中。就跟「時間會療傷」等等名言警句一樣，它們之所以會變成陳腔濫調，正是因為蘊含了真理。細想我自身的恐懼，大多數都與時間有關。我擔心老化，我擔心孩子長大。我擔心未來，我擔心失去親人。我擔心上班遲到，工作來不及完成。就連寫這本書的時候，我都擔心會趕不上截稿日。我擔心我蹉跎掉的那些光陰。我生病浪費的那些時間。但我一面研究，一面也在想，我們的時間觀會不會也只是暫時的，並非向來如此。我們看待時間的態度有沒有改變？與滴答流逝的分秒、時刻、年月建立新的關係，是否就能夠免於恐懼？如果要理解我的腦袋（或許還有你的腦袋）是如何應對現代世界的，我們需要先檢視時間本身。

把時鐘停下

我們並不是一直都有時鐘的。人類大部分的歷史上，「再過十五分鐘五點」或「四點四十五分」這種概念，都不具有任何意義。

從來沒有人發現哪一個新石器時代的洞穴壁畫，畫的是某個人一早醒來就緊張兮兮，因為他鬧鐘響了沒有起床，錯過了公司九點鐘的管理會議。很久很久以前，時間其實只分成兩半：白天和夜晚、光明和黑暗、清醒和睡眠。當然也是有其他時間。有進食時間和狩獵時間，有戰鬥時間和休息時間，有玩耍的時間和親吻的時間，但這些時間並不由時鐘上的數字和無止盡的細格子支配。

計時法剛開始為人採用時，多半仍依舊奉行這樣的二元結構。畢竟只有在白天的陽光下，古埃及人才能看方尖塔（obelisk）的陰影，羅馬人才能讀日晷。即使到了十四世紀初，機械時鐘首度出現於歐洲，掛在教堂等建築物上方，也不是多受矚目的事。比方說，這些時鐘多半沒有分針，大多數人家從臥房窗戶望出去也看不到。

懷錶大約在十六世紀首度問世，而且與很多消費者憧憬之物一樣，最初都是權貴地位的象徵，是給貴族玩賞的新奇玩意兒。一只精美的懷表在十六世紀中葉的歐洲要價十五英鎊，比一名佃農一年賺得的錢還多。花這麼多錢就為了買一只連分針都沒有的錶。不過，似乎也是懷錶的出現讓人開始對時間有一點坐立不安。或者，至少是對**確認**時間坐立不安。

一六六五年，日記作家山繆．佩普斯（Samuel Pepsy）在倫敦破費給自己買了第一只懷錶，「做工很精巧的一個」。他和很多現代網路使用者一樣，不久便發覺獲取資訊雖然一方面帶給人自由，卻也犧牲了另一面的自由。他在五月十三日的日記裡寫道：

> 但是，天啊！瞧瞧我居然還這麼幼稚傻氣，我坐在馬車上一下午，老是忍不住把懷錶握在手裡，看現在幾點看了不下百次，心裡還老想著，以前沒這東西是怎麼活過來的。我發現有錶以後也是個麻煩，下定決心只要活著一天，絕不再帶在身上了。

只要擁有過智慧型手機或推特帳號，想必都能體會這種強迫性行為。確認、確認、確認，再確認一次，只是想看一下。當可以確認的能力，轉變成不確認不行的衝動，我們往往發現自己渴望時間倒轉，回到最初還沒有這種能力的時候。

重點是，佩普斯的懷錶甚至還不算精良，可能連好錶都稱不上。只是一件很破爛的工藝品，還要花一年的薪水。但在一六六五年，沒有任何懷錶稱得上好錶，至少計時功能無一精準。還要再過十年才會發明游絲，控制鐘錶擺輪的速度，勉強算得上準確的懷錶才可能出現。

當然，我們計時的工具後來愈來愈先進。如今我們身處原子鐘的時代，那是精準無比、令人敬畏的時鐘。譬如二〇一六年，物理學家在德國建造了一座時鐘，精準到過了一百五十億年也不會加快或變慢一秒。德國物理學家這下子再也沒有藉口可以遲到了。

我們太在意數字的時間，對自然的時間卻不夠關心。數千年來，人可能一樣都在早上七點起床。差別在於近幾百年來，我們是因為已經早上七點鐘了，所以才起床的。我們每天固定時間上學、上課、上班，不是因為感覺最自然合適，只是因為那是別人安排好要我們遵守的時間。我們把生理直覺交給時鐘來掌握。漸漸地，不再是時間輔助我們，反而是我們為時間效力、為時間發愁。我們納悶時間都到哪裡去了。我們念念不忘時間。

一通電話

「馬修？」是我媽。只有她會叫我馬修。

「我在聽。」

「我剛才說的你有聽到嗎？」

「嗯，有啦。你不是說要去看醫生……」真丟臉，我其實沒有在聽，只是呆呆望著寫到一半的電子郵件。於是，我改變策略，跟她說實話。

「抱歉，我剛才在用電腦。我很忙，現在可能沒時間……」

媽嘆了一口氣，即使她人在兩百英里之外，我也同步聽到了那聲嘆息。「我懂你的感覺。」

沒時間

真奇怪，我們應該比以往更有時間才對呀。我是說，你想想看，生活在已開發國家的人，過去這一世紀以來，平均壽命已經增加超過一倍。不光是這樣，我們如今擁有的省時裝置和科技，也比過往更多。

電子郵件比寄信快。電子爐比柴火快。洗衣機比親手在水槽或河邊洗衣服快。以前麻煩又費時的過程，好比說洗完頭等頭髮乾、旅行到十英里之外、煮水、找資料，現在根本花不了多少時間。我們有各種省時省力的器具，有拖拉機、汽車、洗衣機、生產線、微波爐。然而，我們生活中多數時候還是感覺忙得不可開交。我們總是說：「我很想多看點書／學樂器／上健身房／當義工／自己煮飯／種些花草／跟大學時代的老朋友見面／練習跑馬拉松……**要是有時間就好了**。」我們常常發現自己盼望一天能再多幾個小時，但就算成真也不會有幫助。問題很明顯不在於我們的時間不夠，而在於我們**其他各方面**都超載了。

記住

感覺沒有時間，不代表你沒有時間。
感覺自己很醜，不代表你真的很醜。
感覺焦慮，不代表你一定要焦慮。
感覺成就不夠，不代表你成就得還不夠。
感覺少了什麼，不會因此讓你不再完整。

5

生活超載

過量的事物

現在的這個世界，**所有事物**都過量了。

只要想想任何一個類別的東西。

比方說，想想你手上拿的東西——一本書。

世界上有**非常多**書。不管基於什麼理由，你選擇了讀這本書，我打從心底感謝你。但你在讀這本書的同時，可能也會懊惱地想到，這下子你就不能讀另一本書了。我無意帶給你太大壓力，但世界上還有**非常多**其他的書。Mental Floss是一個重度倚賴Google統計數據的網站，他們保守估計，現存共有一億三千四百零二萬一千五百三十三本書，但這還是到二〇一六年上半年為止。到現在已經又多了好幾百萬本書了。不管怎樣，一億三千四百零二萬一千五百三十三，嚴格來說還是**很**——**多**。

並非一直都是這樣的。

我們並不是一直都有這麼多書，理由很簡單。在印刷術發明以前，書仰賴手工製作，親筆寫在黏土、莎草、蠟或羊皮紙的表面。

就算印刷術發明了，也沒那麼多素材可以閱讀。十六世紀初，英格蘭某地若組成讀書會，很快就會面臨無書可讀的窘境，因為根據大英圖書館統計，當時每年大約只出版四十本不同書籍。所以，熱心的讀者很容易就能跟著讀完每一本出版的書。

「各位最近都讀些什麼呢？」假設讀書會裡的某個假想成員問。

「有什麼就讀什麼囉，西德瑞克。」對方想必會這樣回答。

不過，情況轉變得很快。到了一六〇〇年，英格蘭每年已約有四百本不同書名的書出版，比上世紀增加了十倍。

據說詩人柯立芝（Samuel Taylor Coleridge）是最後一個讀遍群書的人，但算一算這是不可能的事，因為他在一八三四年去世，那時存在於世的書已經有數百萬本了。不過有趣的一點是，當時的人還會**相信**人有可能飽覽群書，現在沒有人會相信這種事了。

我們大家都知道，即使能打破速讀的世界紀錄，我們能讀完的書也永遠只是現存書籍總量極微小的一部分。我們淹沒在書海裡，正如我們淹沒在數不盡的電視節目裡。可是，我們一次只能讀一本書，一次也只能看一個電視節目。我們周圍的事物全都數以倍增，可我們依然只是單獨個體。只有一個我。比起網際網路，我們全都很渺小。想要享受生活，我們可能必須停止再去想那些我們永遠沒辦法讀的書、看的電視、說的話、做的事，轉而想想要怎麼在能力範圍內享受這個世界。活在人的尺度內。專注於我們做得到的那幾件事，別執著於做不到的那千百萬件事。不要貪求平行人生。找數字小一點的運算。當一個自豪且獨特的個體。一個不可分解的質數。

恐慌全面襲擊

恐慌是一種超載。

以前恐慌發作時，我總是這樣覺得。過量的念頭與過量的恐懼。心靈超載至一個臨界點，恐慌潰堤湧入。因為那樣的超載讓你覺得動彈不得。心靈遭到禁錮。這也是為什麼恐慌來襲往往都發生在過度刺激的環境。在超市、夜店、電影院、人滿為患的列車上。

但當超載成了現代生活的核心特徵，又會發生什麼事？消費者超載。工作超載。環境超載。新聞超載。資訊超載。

倘若如此，今日面臨的挑戰不見得是生活比以前差。人類生活在很多方面都有潛力比過往的年代過得更好更健康。麻煩出在我們的生活還很凌亂擁擠。挑戰在於如何從滿滿的自己當中，發現我們是誰。

我曾經恐慌發作的地方

超市。
百貨公司沒有對外窗的地下樓層。
擠滿人的音樂祭。
夜店裡。
飛機上。
倫敦地下鐵。
西班牙塞維亞一間餐酒館。
BBC新聞台的休息室。
從倫敦到約克的火車上（持續了將近整段旅程）。
電影院。

劇場。
路邊小商店。
站在台上，上千張臉盯著我看，感覺很不自然。
行經柯芬園的時候。
看電視的時候。
在家，夜已深，結束了忙碌的一天，街燈在窗簾上映照出不祥的橘色。
銀行裡。
電腦螢幕前。

焦慮的星球

「想像一下，如果這世界不光是把人逼瘋。」最近跟一位朋友說起我打算寫本書，他聽了以後對我說，「想像一下，如果這世界本身就瘋了，或者與我們有關的部分都瘋了。我說的我們，指的是人類。我的意思是，萬一世界真的瘋了呢。我認為這就是目前正在發生的事。我認為人類社會正在崩潰。」

「是啊，就像一名神經衰弱的病患。」

「對啊，我當然知道世界不是一個人。但就像你說的，世界的連結愈來愈緊密，跟一個神經系統一樣。事實上這種現象已經有一陣子了。我在書上讀到十九世紀有個人說，所有電報線交織來往就像一個神經系統。」

我深入研究，發現這個人名叫查爾斯．蒂斯頓．布萊特（Charles Tilston Bright），負責鋪設第一條大西洋電報纜線的工程師。他把全球電報網路比喻為「世界的電子神經系統」。

我們早已經不用電報了，因為電報用來分享忍者貓影片和表情符號的效果看來不是很好。但世界的神經系統並未消失，反而演化得規模更大、更複雜，根據聯合國國際電信聯盟（前身恰巧正是國際電報聯盟）統計，從二〇一七年六月起，全球超過半數人口都已連上了網路。

網路使用人數年年飛速成長。想想很不可思議，時間倒回到一九九五年，網路跟現在比起來簡直空無一人；當時只有一千六百萬名使用者，只佔世界人口的0.4%。十年後，二〇〇五年，使用者已上達十億人，形同世界人口的15%都在線上。到了二〇一七年，數字前後顛倒，翻漲成51%。

同年，臉書活躍用戶的數量，即每個月至少使用一次臉書的人，達到二十億七千萬人。回到這個十年的開端，二〇一〇年，整個網路甚至都還沒有那麼多人。這是非常急速的數量變化。有此變化，是因為全世界很多區塊邁入「現代化」，快速更新基礎設施，架設寬頻網路。另一個因素是智慧型手機興起，上網遠較以往容易。

而且增加的不只是使用網路的人數，我們花在線上的時間也在增加。

人類透過科技，連結比以前更加緊密，這項根本變化發生於不到十年之內。別的不說，這也引起很多網路論戰。如同托爾斯泰早在一八九四年於《神的王國在你心中》（*The Kindom of God Is Within You*）一書所寫的：

愈多人得以免於貧困，世間就有愈多電報、電話、書籍、報紙、期刊，也將有愈多散播矛盾謊言和偽善的媒介，人也會愈加分裂不和，終至走向痛苦不幸，這的確正是我們實際看見正在發生的事。

這一切發生得太快，絕對比托爾斯泰的時代要來得快，我們還來不及仔細思量。這所有結果，這所有資訊，所有的科技連結。把世界比為頭腦是個很常見但也很貼切的比喻。世界是大腦，我們是腦內的神經細胞，把自己傳遞給其他所有的神經細胞。將超載的訊號傳送回來又傳送過去。焦慮星球上超載的神經元，隨時準備崩解。

6

網路焦慮

「網路是第一個人類自己創造出來卻不理解的東西，
是現存至今最大規模的無政府實驗。」

——前 Google 執行長施密特（Eric Schmidt）

「少數科技公司中少數人的決定，
會左右今日十億人在想什麼……
還有比這更急迫的問題嗎……這正在改變我們的民主，
影響我們與他人對話、建立心目中理想人際關係的能力。」

——前 Google 員工哈里斯（Tristan Harris）

我喜歡網路的

對抗社會不公義的集體行動。

重看當年的流行歌 MV，我都忘了有這些歌。

不用上電影院就能看電影預告。

維基百科，Spotify，BBC Good Food 食譜。

研究旅遊行程的過程。

Goodreads 圖書分享網站。

心情低落時總能找到理解你感受的人。

跟平常絕無機會對話的讀者對話。

友善，真的很常見到。

看動物做出神奇舉動的影片（大猩猩在游泳池跳舞、章魚打開玻璃罐蓋子）。

能用電子郵件或訊息聯絡現實生活中沒有聯繫的人。

爆笑的推文。

與老朋友保持聯絡。

可以在大眾間驗證某些想法。

來自德州奧斯汀的優秀瑜珈教練，我不必住在德州奧斯汀，也能拜師門下。

同樣實用的慢跑收操伸展影片。

能用網路研究網路的壞處。

我應該少用網路來

貼文炫耀一段有意義的經驗，明明我可以實際擁有一段有意義的經驗。

寫充滿個人意見但到頭來不會說服任何人的推文。

點開我其實不想讀的文章。

不專心吃早餐，只顧看推特留言。

讀我的書在亞馬遜網站的讀者評論。

拿我的生活跟別人比較。

應該聽我媽說她看醫生的過程，卻忙著回覆電子郵件。

感受有人按讚的空虛喜悅。

搜尋自己的名字。

在YouTube上選播喜歡的歌，還沒播完就因為看到另一部有興趣的影片而把歌曲關掉。

搜尋症狀，自行診斷（你不是快死了，只是有疑心病。）

半夜還在上網搜尋東西（「人體有幾個原子」、「薑黃的保健功效」、「《西城故事》的演員表」、「如何從 iCloud 下載照片」）。

確認某一則推特／照片／貼文的最新通知（還反覆一再確認）。

明明想離線了還死不離線。

世界正在縮小

生活超載的感覺，部分源自於這個世界似乎變得既收縮又集中。人類世界不僅速度逐漸加快，實質上也逐漸縮小。世界的連結愈來愈緊密，我們也隨之愈來愈緊密。「蜂群意志」（hive mind）一詞，最初是詹姆斯．史密茲（James H. Schmitz）於一九五〇年在短篇科幻故事〈夏季的第二夜〉（Second Night of Summer）中所創，如今已成為現實。我們的生活、資訊、情緒都以前所未有的方式連結在一起。網路看似使人分裂，實則使人趨向同一。

世界縮小並非一夕實現的過程。人類幾百年來一直不斷嘗試用聲音以外的方法溝通。從狼煙信號，到鼓聲，到飛鴿傳書。串連的烽火臺從普利茅斯到倫敦一座接一座點燃，警告西班牙艦隊的到來。

十九世紀，電報纜線連接起各洲大陸。

之後，全球神經系統隨著電話、廣播、電視逐步演化，當然還有網路。

這些連結使我們在許多方面變得更緊密。我們可以寄電子郵件或傳訊息，用Skype或FaceTime，玩多人線上遊戲，與一萬哩外的人即時互動。實質的距離漸漸變得無關緊要。社群媒體使前所未見的集體行動化為可能，從暴動到革命，乃至於撼動選舉結果。網路讓我們得以集眾人之力促使改變成真，不論變化是福是禍。

麻煩的是，在這整個巨大的神經系統裡，我們也將共享幸福與不幸。集體的情緒也會感染我們自己的情緒。

集體歇斯底里

歷史上個人情緒受群眾影響的例子不計其數，從塞勒姆獵巫審判，到披頭四狂熱都是。

最奇妙又可怕的一個例子，發生在十五世紀法國一所修道院內，一名修女忽然像貓一樣開始喵喵叫。沒多久，其他修女也開始喵喵叫了起來。幾個月後，附近村民驚訝的聽見所有修女都開始大聲貓叫，每天都持續好幾個小時。直到地方官員以鞭刑處罰威脅她們，怪異現象才逐漸平息。

還有其他奇怪的案例。例如一五一八年的「跳舞瘟疫」（Dancing Plague），史特拉斯堡有四百人在短短一個月內，跳舞跳到精疲力竭，有些人甚至氣絕而亡，至今沒有合理解釋。他們甚至連音樂都不用放。

傳說在拿破崙戰爭期間，英格蘭哈特浦（Hartlepool）的居民都相信一隻遭遇船難被救上岸的猴子是法國派來的間諜，他們把這隻不知道發生什麼事的可憐靈長類動物給吊死了。看來假新聞也由來已久。

當然，現在我們有了網路，科技讓群眾集體行為更有可能也更容易發生。每天，乃至於每小時，都有各種不同事物在瘋傳，可能是某首歌、某則推文，某支貓咪影片。「瘋傳」一詞傳神地形容了人性與科技結合所造成的傳染效應。而且不用說，不只影片、商品、推特會傳染，情緒也會。一個徹頭徹尾緊密相連的世界，有可能突然全體陷入瘋狂。

小小的一步

又是一樣情況。「麥特，不要再上網了。」

安德莉亞是對的，而且她只是關心我，但我不想聽。

「沒事的。」

「哪裡沒事，你在跟人家筆戰。你明明在寫一本如何因應網路壓力的書，結果你自己還被網路搞得緊張兮兮。」

「不完全是那樣啦。我是想了解現代性怎麼影響我們的心智。我在寫的是世界像一個焦慮的星球。人的心理怎麼相互連結。我想寫的是各個層面……」

她舉起手掌，「夠了，我不想聽 TED 演講。」

我嘆了口氣，「我只是在回覆電子郵件。」

「才怪，你才不是。」

「好吧，我在逛推特。只是剛才看到一個論點，我覺得有必要澄清……」

「麥特，這是你的事，由你自己決定。但我以為你做這整件事的重點，就是想知道怎麼做可以不要像這個樣子。」

「像怎樣子？」

「這麼沉溺於你沒必要沉溺的東西裡。我只是不希望你發病。你每次都是這樣才發病的。就這樣，我不說了。」

她離開房間。我瞪著原本想發出的推文。就算發出去，也不會為我的生活或任何人的生活增添什麼。我只會更常確認手機，好比佩普斯一直反覆看著他的懷錶。我按下刪除鍵，看著字一個個消失，忽然有一股如釋重負的奇妙感覺。

社群媒體頌歌

憤怒橫行於網路世界，
尋找下一個上鉤的人；
這時候就離線吧，
去找本書來讀吧。

照鏡子

神經生物學家發現，靈長類動物——包含人類在內，與他人互動時，會啟動「鏡像神經元」。

在網路連結的年代，鏡像更大了。群眾在發生恐怖事件之後感到害怕，恐懼便像數位野火一樣蔓延開來。

當群眾感到憤怒，憤怒又會滋長更多怒氣。

就連與我們意見相左的人表現出某種情緒，我們也會感受到相似的情緒。比方說，假如某個人在網路上為了某件事對你大發脾氣，你不太可能採納他的意見，但你很有可能會染上他的憤怒。這種現象在社群媒體上每天都看得到：大家互相爭執，各自捍衛對立的意見，同時卻模仿了彼此的情緒狀態。

這種事我做過很多次，所以安德莉亞才會對我失望。我好幾次跟別人捲入爭論，對方罵我「雪花」[1]或「左膠」（libtard），或者在推特上對我大吼「自由主義本身就

譯註 1

snowflake，用於譏笑人自以為了不起，其實是無名小卒。源自電影《鬥陣俱樂部》（Fightclub）的台詞：「你並不特別，你不是美麗獨特的雪花，你跟萬物一樣都是會慢慢腐敗的有機物質。」

是一種精神病」。我其實知道人生有限，花時間吵架不是多有成就感的事，但我還是控制不了自己。我現在明白了，我必須停止。

總之，我的重點是，我的政治立場雖然和吵架對象不同，心理上我們卻都用相同的憤怒互相刺激。政治立場對立，情緒卻相互模仿。

我有一次在焦慮狀態下，在推特寫了一句傻話。

「焦慮是我的超能力。」我說。

我不是要說焦慮是**好事**。我想說的是焦慮這種情緒強烈得誇張，我們這些過度焦慮的人，每天過日子就像焦慮的超人或痛苦煎熬的蝙蝠俠一樣，害怕自己的真實身分會被發現。除此之外，奔馳的念頭和絕望雖然是負擔，但偶爾，我們也能因此讓自己相信事情總有一線希望。

舉例來說，我很慶幸焦慮逼迫我戒菸、維持身體健康，也促使我仔細想清楚哪些東西對我是好的，哪些人關心我，哪些人不在乎。我很感激焦慮引導我設法幫助其他也經歷焦慮的人，我也很感激焦慮在我狀態比較好的期間，引導我更深刻感受生活。

這些是我在《活著的理由》中實際寫下的內容。但我發的那則推文表達得不清楚。發文之後，我忽然在推特上受到大量關注。

我決定刪除那則推文，但很多人已經截圖存證，召集憤怒的推特大軍，朝我宣洩他們的忿恨：「超能力？？？什麼鬼！！！@matthaig1 有病」、「自刪帳號吧」、「根本智障白痴」，諸如此類，列舉不完。而你留在現場，滿心驚惶，看著你自己釀成的這場車禍。你的動態消息充滿幾十個乃至幾百個憤怒的人，他們很有把握自己踩到了人家痛腳，說的話就絕對有理。順帶一提，你要是處於焦慮的話，「踩到某個痛腳」這個形容並不貼切，因為你每一處被踩到都痛。

憤怒變得有傳染性，我簡直能感覺到一股實質力量，從螢幕向外輻散。我的心跳快了兩倍，周圍的東西向我逼近。空氣變得稀薄。我被逼入死角。現實有點像在瓦解。「完了，完了，完了。」短暫發作的一陣恐慌讓我失去理智。我感覺到一股不健康的罪惡感和恐懼與防禦性的憤怒交融在一起，同時暗自發誓，我再也不會在焦慮的當下發文抒發心情了。

有些話最好放在心裡。

但除此之外更重要的是，我想設法阻止自己繼續再把別人對我的看法當成我對自己的看法。我想建立某種情緒的免疫力。當你太過深陷其中，社群媒體可能會讓你覺得自己身在證券交易市場，你——或你的網路身分，就是股票。大家開始囤積股票，你就會覺得個人股價下跌。我想擺脫這種感覺。我想做到心靈的斷捨離，當一個心理上自給自足的市場。自在面對自己犯的過錯，明白人並不只限於過錯。允許我自己體認到，對於我的內心如何運作，我比陌生人懂得多。任憑別人認為我是傻瓜，我也不必覺得自己是傻瓜。在乎別人，但別在意他們在網路上對我的誤解。

如何在網路上保持理智

（一張空想的清單，因為實在太難了，我很少乖乖遵守）

1. 練習節制。特別是節制使用社群媒體。不管你覺得被什麼吸引，要抵抗任何不健康的過量。把自我約束的肌肉練強壯。
2. 不要在Google 輸入你身體不舒服的症狀，除非你想浪費七個小時說服自己相信你會在晚餐前就死掉。
3. 記住，真的沒人在乎你的外表。他們在乎的是他們的外表。全世界最不必煩惱你自己長相的人就是你。
4. 看似真實的事物不見得真實。小說家威廉・吉布森（William Gibson）在一九八二年創作的短篇故事〈融化的鉻合金〉（Burning Chrome）中，首度想像並發明了「網際空間」（cyberspace）一詞來形容這個概念，他描述那是一個「集體同意的幻覺」。每當我又太沉迷科技時，想想這個形容對我很有幫助。整個網路與現實世界存在著一步之隔。網路最有影響力的部分就是模仿反映線下的世界，但複製的世界並不是真正的外部世界。網路本身是真實的，但僅此而已。沒錯，你可以在網路上結交真實的朋友，但非數位的現實依然能夠有效檢驗這份友誼。你一步出網路，哪怕是一星期、一天、一小時或一分鐘，你也會驚訝地發現那份友誼在你腦中消失得多快。

5. 一則社群貼文不能代表一個人。想想你自己一天當中有多少矛盾的念頭。想想你這輩子曾站在多少相互衝突的立場。你可以回覆網路上的看法，但千萬不要拿一個看法定義一個人。「每一個人，」物理學家薩根（Carl Sagan）說，「以宇宙的尺度來看，都是很珍貴的。就算哪個人跟你意見不合，也放他一條生路吧。你在一千億個銀河裡，不會再找到另一個相同的人了。」

6. 不要因為討厭所以追蹤某人。這是我從二〇一八年元旦起，對自己許下的承諾。追蹤討厭的人不會給你一個義憤填膺的對象，反而會刺激你的憤怒。很奇怪的是還會強化回聲室效應，讓你覺得其他人看法全都與你極端相反。不要追逐讓你不快樂的東西。不要用與人比較來衡量你自己的價值。不要用你反對什麼來定義你自己，用你支持什麼來定義自己。瀏覽留言內容的時候也謹守相同原則。

7. 不玩評分遊戲。網路很愛評分，不管是亞馬遜的讀者評分、TripAdvisor 網站的旅遊評分，爛番茄網站的電影評分，還是大家給照片、貼文、推特的評分，例如讚數和轉推數。無視這些分數。評分高低不代表價值高低。絕對不要以分數來評斷自己。要是人人都喜歡你，你一定是全天下最平庸乏味的人。莎士比亞可謂是歷來最傑出的作家，他在 Goodreads 網站平均只拿到普普通通的三點七顆星。

8. 別浪費生命煩惱你錯失的機緣。我不是故意學佛家的語氣，好吧，是有一點佛學，總之人生重點不在樂見當下所做之事，而在樂見你所成為的人。

9. 永遠不要為了網路，耽誤吃飯或睡眠。

10. 保有人性。抗拒演算法。不要隨波逐流成為一個模仿版本的你。關閉彈出式廣告。走出你的同溫層。不要因為網路可以匿名，就任由自己變成一個下線之後你自己都引以為恥的人。當一個謎樣的人，不要當可以被統計的人。當電腦永遠不能完全理解的人。別喪失同情心。打破模式框架。抵抗機器化的趨勢。活得像一個人。

永不放手

既然我們漸漸以愈來愈複雜的方式與科技融合，往後一世紀將面臨的考驗之中，最有趣的可能是這個：我們要怎麼在一片數位風景當中保有人的面貌？

我們要怎麼牢牢掌握自己，永不放手？

小心你假裝成誰

幾十年前，沒有人有Instagram帳號時，馮內果（Kurt Vonnegut）就說：「我們正是我們假裝的那種人，所以要小心我們假裝成誰。」這句話放在社群媒體年代尤其真實。我們一直都在向全世界表現自己——選擇穿哪一牌的上衣、說話用哪些字、幫身體哪個部位除毛。但在社群媒體，行為更進一步受到突顯。我們永遠與線上身分隔著一步的距離。我們成了會走路的商品。我們的頭像是星際大戰公仔版的自己。

一根水管的照片不是一根水管，比利時超現實主義畫家馬格利特（René Magritte）已經告訴我們了。象徵符號與其指涉的事物永遠存在著區隔。你最好的朋友的線上個人檔案，並不是你最好的朋友。發布公園一日遊的動態，不是真的在公園的一日遊。想告訴全世界你有多快樂的欲望，不是你真正感覺到的快樂。

如何快樂

不要拿自己跟別人比較。
不要拿自己跟別人比較。
不要拿自己跟別人比較。
不要拿自己跟別人比較。
不要拿自己跟別人比較。
不要拿自己跟別人比較。
不要拿自己跟別人比較。

再點一下

如果有一隻老鼠每次壓下拉桿就能吃到點心，牠就會繼續壓拉桿。但次數不會比另一隻老鼠頻繁，另一隻老鼠每次壓下拉桿結果都不一定，有時候有點心吃，有時候什麼都沒有。[2]

我以前覺得社群媒體是無害的。我以前覺得我是因為好玩有趣才使用社群媒體。可是後來，即使我已經不覺得有趣了，我卻還是掛在上面。我記得那種感覺。那就跟凌晨三點鐘，你的朋友都已經回家了，你還泡在酒吧裡的感覺是一樣的。

譯註 2

美國心理學家施金納（B. F. Skinner）所做的操作制約實驗，又稱「施金納箱」。

演算法創造的同溫層

現今多虧了聰明的演算法，我們上網購物的同時，還會看到其他許多我們可能也有興趣的商品。許多**別人希望我們**買的東西。

打開 Spotify 或 YouTube 聽音樂，程式會自動推薦我們一串音樂清單，幾乎跟我們已經在聽的音樂一模一樣。

進入亞馬遜網站，網頁會顯示買了這本書的人也買了哪些書。

登入社群媒體，系統會建議我們追蹤更多與我們已追蹤者相似的人。更多更像我們的人。

我們被鼓勵待在舒適圈內打安全牌，因為各家網路公司知道平均而言，一般人大多喜歡聽、讀、看、吃、穿他們已經聽過、讀過、看過、吃過、穿過的同一種東西。

但縱觀歷史發展，人類並不能一直這樣做。我們必須走出去，與不像我們的人打交道，與不符合我們喜好的東西妥協。而這很可怕。

但現在說不定還更慘。

換作現在，我們最後可能會痛恨想法與我們不同的人。政治人物最後可能再也不會想辦法與對立陣營溝通。差異不再被歌頌，反而成為需要恐懼、嘲笑的事情。觀點相近的人最後也會鬧翻，因為就連最細微的看法差異也沒有辦法容忍，到頭來他們會把自己關在一個小小的回聲室裡，讀著印刷一百萬份的同一本書，聽同一首歌，重複轉推他們自己的意見，直到時間的盡頭。

但我們是人類。我們可以抵抗這種趨勢。我們可以拒絕被關進一個小小的數位部落裡。我們可以接納包羅萬象的生活。我們始終都在想辦法做到這點。沒錯，我們可能會搞得一團亂。但混亂**正是**我們的力量。有些事我們不單只因為有意義才去做。這方面，網路可以是我們的盟友，不必當我們的敵人。網路包含了一整個世界。我們希望它是什麼，網路就可以是什麼。網路能帶領我們去任何我們選擇要去的地方。我們只須確定做選擇的是我們自己——不是科技，也不是有辦法操控我們所有喜怒哀樂的設計師和工程師。

使用者看法

在我探索讓自己的心靈與焦慮星球隔絕的過程中，我開始想像，假設我直接停止使用社群媒體，我會有什麼感覺。所以，我一面想像沒有社群媒體的生活，同時也（呃，對）登入社群媒體尋找答案。我決定問我的推特追蹤者一個很簡單的大問題：「你覺得社群媒體對你的心理健康是好是壞？」這個問題觸動了大家的神經，我收到兩千多則回覆，他們提供了一幅完整的圖像。不過，想到這些都是平時有積極使用社群媒體習慣的人，呈現出來的圖像未免略顯負面。我的意思是，假設你拿同樣問題去問習慣看書的人、看電影的人、騎馬的人、爬山的人，大概不會得到這麼正反雜陳的回答。總之，以下是我選出的幾則代表：

艾波・喬伊（April Joy @AprilWaterson）

既是因應措施，也是焦慮的原因。焦慮的時候，可以漫不經心捲動螢幕，隨意讀一些文章分散心思，我覺得還不錯。但同時也有種不斷想貼點什麼的需求，可是貼了又百分之百會受人評判，有這種念頭，心情不會多平靜。

狄恩・史密斯（Dean Smith @deansmith7）

壞。我常常拿自己的漏網鏡頭（孤單、焦慮等等），跟別人的精彩花絮（人緣好、成功等等）比較。我知道那些不能真實反映他們的人生，但我還是會因此消沉。

R老師（Miss R! @Fabteachertips）

我發現在心情最低落的時候，我很容易就浪費好幾個小時，一個人躺在床上，滑手機看社群媒體的動態消息。我真的不知道我幹嘛做這種事，明明有那麼多其他更有建設性的事可做。至少我能肯定，社群媒體沒讓我心情好轉！

伊米・萊特（Immi Wright @immi_wright）

我的自殺傾向上升到第五級之後，我就戒臉書了……後來我漸漸恢復了自信。

我猜是因為臉書常呈現別人理想中的自我。我在推特上只追蹤搖滾歌手和狗狗網站

@dog_rates，所以不再有那麼多自我要煩惱了。

奇蘭・桑哈（**Kieran Sangha @kieran_sangha**）

好處是，你可以和明白你感受的人產生連結，壞處是會加深成癮，就像物質濫用，擁有搶走你生活主導權的力量。

海莉・墨菲（**Hayley Murphy @hayleym_swvegan**）

好。「現實生活」裡沒有人理解我，真的沒・半・個・人。從網路上知道我其實並不孤單，真的救了我一命，我沒誇張。任何工具只要用法錯了都很危險，但用對地方效果驚人。

邦妮・波頓（**Bonnie Burton @bonniegrrl**）

好壞各半。好處是我很容易就能與啟發我和我景仰的人聯繫。壞處是社群媒體到後來淪為一個騷擾人的平台，因為惡行惡狀都不用擔負後果。

席拉・艾利斯（**Shylah Ellis @MsEels**）

小時候沒有社群媒體，我以為全世界只有我因憂鬱症所苦。我時時覺得被孤立，唯一接觸到的人都對我冷嘲熱諷。社群媒體讓我有機會與世界各地的好人互動。

凱爾・墨瑞（**Kyle Murray @TheKyleMurray**）

我就在社群媒體公司工作，雖然社群媒體是有優點，但假如有其他方法能與遠方的朋友保持聯絡，我大概會完全避用社群媒體。社群媒體已經被一些可惡的人改成武器了。我從二〇〇四年開始用臉書，現在多半基於懷舊才把帳號留著。

詹姆斯（**James @james___s**）

我最近聽到的一句名言：「臉書是大家對朋友說謊的地方，推特是大家向陌生人說實話的地方。」

艾比蓋兒・瑞利（**Abigail Rieley @abigailrieley**）

都有。我在網路上交到真正的朋友，只要你向外求援，那些支持幫助可以是很真實的。但是，假如你心情低落，覺得自己很沒用的時候，社群媒體就像一扇窗戶，讓你看到一個你被排擠在外、格格不入的世界。

凱特・利佛（Kate Leaver @kateileaver）

好壞各半，但沒到惡名昭彰。相信透過社群媒體也能經營實在的友誼，對無法出門的人很有幫助。寂寞／憂鬱時能瞥見別人的生活偶爾也有幫助。

傑恩・哈迪（Jayne Hardy @JayneHardy_）

都有，我必須建立一些好的界線，只要確實維護界線，社群媒體就對我有益。

蓋瑞斯・包威爾（Gareth L Powell @garethlpowell）

我是文字工作者，推特就像是辦公室茶水間，我可以在這裡跟朋友和同事聊天。沒有推特，我會覺得與世隔絕。

克萊兒・艾朗（Claire Allan @ClaireAllan）

好壞各半。我是整天在家的文字工作者，社群媒體給我社交互動的機會，可以恢復理智。但我覺得社群媒體過度強調人最好的一面，也愈來愈常突顯人性之惡，這就會增添我的焦慮了。

雅思敏・阿比德瑪吉（Yassmin Abdel-Magied @yassmin_a）

社群媒體就跟所有事物一樣，可以是好的，但必須妥善管理，讓好處永遠大於壞處。我有些很要好的新朋友就是在推特上認識的。

荷莉・紐頓（Hollie Newton @HollieNuisance）

我喜歡看各種想法和新聞，還有繽紛的照片。我喜歡看朋友最近在忙什麼，與朋友互動。但耗在上面超過幾分鐘……我就開始慢慢覺得，我是個格格不入的小蝦米。

柯爾・莫頓（Cole Moreton @colemoreton）

不好。社群媒體會擾亂我的情緒，把我拖入憤怒爭辯裡，不久我就會開始反感，想刪帳號。然後同樣的事又再度循環。

瑞秋・霍金斯（**Rachel Hawkins @ourrachblogs**）

好壞各半。Instagram 讓我嫉妒。臉書讓我憤怒，推特有時候讓我焦慮不已。

卡特・布朗（**Kat Brown @katbrown**）

都有。我從中收穫很多（工作、歡笑、朋友、人際交流），但我知道我的注意力已經完全改變了。我的焦點常常擺在線上。接下來會發生什麼事？接下來**還能**發生什麼事？新聞＋多巴胺＝嘆氣聲。

奈吉歐・庫柏（**Nigel Jay Cooper @nijay**）

有時候會讓人覺得身在擠滿人的房間裡，大家只顧互相大呼小叫，沒人願意傾聽，讓我不得不退開……但也方便人建立連結，有助人的一面，也有群體歸屬感。

我覺得智慧型手機「不離手」這部分對我影響比較大。我得想辦法制定時間，強迫自己放下手機，專心面對周遭的現實世界，別只顧著虛擬世界。我個人覺得，能不能做好這一點，是不被社群媒體吞沒的關鍵。

如何快樂・續

別拿實際的自己與假想的自己相比。別沉溺在「假如」的汪洋裡。不要放任自己想像當初如果做了不同決定，活在平行時空裡其他版本的你會是什麼樣子，而且任由那些情景塞滿你的腦袋。網路時代鼓勵選擇和比較，但別這樣對自己。小羅斯福說，「比較是偷走喜悅的賊。」你是你，過去是過去。想過更美好的生活，唯有從當下做起。後悔沒有任何幫助，反而會把現在變成又一件但願當初做了不同決定的事。接受你此刻擁有的現實。當個容許犯錯的人。當個無懼未來的人。當個知足的人。接受你此刻的人生，你會更容易替別人感到快樂，又不至於覺得自己不如人。

7

資訊轟炸

乘數效應

這個星球會焦慮是自然的，世界有時候確實很可怕。極端政治、民族主義、受希特勒感召而崛起的納粹、財閥菁英、恐怖主義、氣候變遷、政權動盪、種族歧視、厭女情結、隱私淪喪、愈來愈聰明的演算法收割我們的個資用來賺我們的錢或選票、人工智慧興起與其暗示的未來、核子戰爭威脅再起、侵害人權、破壞地球。而且產生影響的不光是發生的事，畢竟世界上總有某個角落有事情發生。不同的是現在多虧了手機照相功能、新聞快報、社群媒體，以及我們與網路不間斷的聯繫，我們以更直接、更切身、更私密的方式**經歷**了遠方發生的事，這是過去不曾有的現象。經驗以乘數倍增，從上千個不同角度向外流出。

舉個例子，想像一下，假如二次世界大戰期間，已經有社群媒體和照相手機。大家可以在智慧型手機上用全彩看到每一枚炸彈的後果、每一座集中營的真實景象，或士兵血淋淋受傷殘破的身軀，這時集體心理經驗一定會把恐懼放大，遠超過那些親身經歷事件之人的感受。

我們近來感覺年年都比前一年更悲慘，有部分就只是一種感覺而已，記住這點我們會好過一些。我們與全球新聞日益連結，不停吸收對新聞事件的各種曲解與恐懼，結果就是帶來沮喪。那是一種全球都很徬徨不安的感覺。但真正的隱憂在於，我們每個人身上日漸升高的各種恐懼，反而可能真的讓世界變得糟糕。

一旦看過恐怖攻擊的事發影片，就很容易想像另一起攻擊事件隨時可能在我們生活場所。不管我們理性上知不知道，死於癌症、自殺或車禍的機率遠比恐怖攻擊高，但霸佔我們腦海的仍舊會是新聞裡看到的感官恐懼。政客就是利用這一點煽動恐懼，製造更多對立。而這又使社會更不穩定，恐怖分子也因此更有機會達到目的——引起恐慌。之後，政客或政運人士又會把恐懼煽動得更高。

這就好像一個患有強迫症的人，不斷做出相同行為強調他的恐懼，像是足不出戶，或一天洗手兩百次。他們這麼做名義上是保護自己，實則更加傷害自己。只是現在患上這種病的不是個人，而是社會，是全世界。

震撼

「震撼」一詞，愈來愈常從電視上的政治名嘴口中冒出來。觀看／閱讀／瀏覽二十一世紀的新聞，你會覺得被連環轟炸，沒完沒了的震撼。

「天啊，現在又怎麼了？」這成了大家常有的反應。早上點開你最愛的新聞網站，心頭總是嚇得一緊。震撼對於個人或社會或許不是什麼愉快的經驗，但它可以是一項很有用的政治工具。問問曾經恐慌全面發作的人，他們會告訴你，震撼讓你滿腦子除了害怕以外想不到別的東西。你如果嚇到了，表示你一定很困惑。你沒辦法好好思考。你會變得被動。別人叫你去哪裡，你就會去哪裡。

娜歐蜜・克萊恩（Naomi Klein）首創「震撼主義」（shock doctrine）一詞，用來形容一種利己策略，有計畫地利用「大眾遭逢集體震撼之後的迷惘」，獲取集團或政治利益。例如石油公司利用戰爭震撼，趁機攻入新的國家。或如美國總統利用恐怖主義，推行反移民的強硬政策。「我們不會因為發生某件重大事故，就陷入震撼狀態。」她說，「那必須是一件重大事故，而且我們還沒來得及了解。」

問題是現在我們有二十四小時放送的新聞，事件不斷傳來，但很少有時間消化。我們身處新聞構成的世界裡，特色就是大量擷取最新時刻，再添上頭條與插播，鮮少有一個比較平靜、比較有助於反省理解的全貌。

震撼導致種種負面但不難想見的情緒：恐懼、悲傷、無力、憤怒。誘惑之下，人不惜耗費生命在推特上表達對社會不公義的憤怒，這是很人性的反應，但這樣並不夠。到頭來，恐怕只會在集體的震撼悲鳴之上增加更多悲嘆，反而幫了當權者或政治極端份子一把，他們很可能就是想轉移我們的注意力。

當一個人熬過驚慌混亂之後，他在恐懼之間最主要的反應，是覺得生氣且徹底受夠了。但在復原過程中，你到了某個時間點，總還是得做到某種理解與接受。不是因為事情沒那麼壞，反而恰恰因為事情就是**那麼壞**。我記得有一次，我在憂鬱症期間抬頭望著晴朗夜空，看見滿天星斗。宇宙奇景。每當墜入谷底，我都得強迫自己找到美麗、找到善良、找到愛，不論那有多難，再難我也必須試一試。改變不會因為你死盯著想逃離的地方就能成真。是要望向你想企及的地方，改變才會發生。別只打擊壞人，也要鼓勵好人。找出原已存在的希望，滋養希望長大。

想像

想像如果有一天，我們把人就叫作人。不先提國籍。不以追隨的信仰稱呼他們。不是英國人，不是美國人，不是法國人，不是德國人，不是伊朗人，不是中國人。不是穆斯林，不是錫克教徒，不是基督教徒。不是亞洲人。不是黑人，不是白人。不是男人，不是女人。不是可口可樂公司執行長。不是幫派成員。不是三個孩子的媽。不是歷史學家，不是經濟學家。不是ＢＢＣ記者。不是推特用戶。不是消費者。不是《星際爭霸戰》影迷。不是作家。不是十七歲，或三十九歲，或八十三歲。不是保守份子，不是自由主義者。全部都改成人，像我們把所有烏龜都叫烏龜一樣。人，人，人。逼自己看清楚我們假裝知道的事情。提醒自己我們是一種動物，聯合成一個物種，生存在太空中這個溫柔的小藍點上，這個我們所知唯一蘊含生命的行星。沉浸在這個奇蹟所喚起的多愁善感裡。我們不但活著，還意識到自己活著，這是多麼奇妙的運氣，用這一點來定義我們吧。我們現在就在這裡，在古今所知最美麗的星球上。在這顆星球上，我們可以呼吸、生活、戀愛；吃花生醬吐司、跟狗狗說哈囉、伴著音樂跳舞；讀《日安憂鬱》（*Bonjour Tristesse*）、狂看電視劇、觀察建築物的陰影突顯陽光的變化；感受微風吹拂、雨水打濕柔軟的肌膚；互相照顧、沉浸在白日夢和夜晚的夢鄉之中、嘗試解開我們自己這個甜美的謎團。這一天，我們打從本質和彼此一樣，不多不少就是人。

跟上時事而不失去理智

1. 記住你會對新聞作何反應，不只跟新聞內容有關，也跟你怎麼接收這件事有關。網路和獨家新聞頻道報導新聞的方式讓人感覺漫無方向。容易使人相信大環境正在惡化，但其實可能只是讓我們**覺得**惡化了。媒體不只傳播訊息，也會放大訊息裡的情緒。

2. 限制自己看新聞的時間。我的臉書好友黛博拉（Debra Morse）留言說得好：「記得一九七三年，我們一天通常只接收兩次新聞：一次讀早報，一次是傍晚看新聞。但我們不也成功讓尼克森下台了嗎。」

3. 明白世界並沒有感覺上那麼暴力。很多這個主題的作者，如著名的認知心理學者平克（Steven Pinker），他們都同樣指出，社會儘管存在著種種駭人聽聞的事，但較之以往已經沒那麼暴力了。「暴力肯定還是有，」歷史學家哈拉瑞（Yuval Noah Harari）說，「我住在中東，所以我很清楚。但相較之下，當代的暴力已經比任何一個歷史階段都少了。現今有更多的人死於吃太多，而非死於人為暴力，這真的是一項成就。」

4. 親近動物。人以外的動物有療癒作用，原因很多。其中之一是因為動物沒有新聞。狗狗和貓貓，金魚和羚羊，說真的才不在乎新聞。人類看重的事，比如政治和經濟，局勢動盪起伏，對動物一點也不重要。然而，動物的生命依然能和我們一樣持續下去。《小熊維尼》的作者米恩（A. A. Milne）寫得好：「有些人會跟動物說話，但聽動物說話的人不多，這才是問題所在。」

5. 別為你無能為力的事情煩惱。新聞充滿了你束手無策的事。不如去做你使得上力的那些事——把某個與你相關的議題推廣給更多人認識，為任何你覺得有熱忱的動機貢獻最大力量，同時接受有些事情**不在你能力範圍之內**。

6. 要記住，讀到壞消息，不代表好事沒有發生。好事到處都在發生，現在就在發生，全世界都不例外。醫院內、婚禮上、學校裡、公司裡、產房裡、接機門前、臥房裡、收件匣、街道上、陌生人的笑容裡。每天生活中都有千萬個沒人看見的美妙風景。

讚揚正向心理

以前的我，在發病之前，很懷疑所謂的正向思考，對快樂的歌、玫瑰色晚霞、關於希望的樂觀語句，我多半冷眼看待。但發病之後，在病況最嚴重的時期，我全靠拋棄自己悲觀的一面才保住小命。憤世嫉俗是沒有自殺傾向的人才能享受的奢侈。而我必須找到希望，那個帶有羽毛之物[3]，我的性命懸於其上。

把心理治療跟社會和政治的癒合扯在一起，看起來可能有點牽強，但假如個人即政治，那麼心理也關乎政治。當前的政治氣氛似乎傾向分裂，這種分裂部分是網路所激起的。

我們需要重新找回身為人類的共同特性。怎樣才辦得到？這個嘛，來一場外星人入侵或許是個辦法，但我們不能仰賴這種事。

政治面臨的問題，就是部落遇上的問題。「人以信仰、以國族、以傳統區別你我，就會孕育出暴力。」印度哲學家克里希那穆提（Jiddu Krishnamurti）如是說。

譯註 3
典出美國詩人艾蜜莉．狄金生（Emily Dickinson）的詩作，原句為「希望是帶有羽毛之物」（Hope is the thing with feathers）。

精神疾病教會我一件事，那就是進步的關鍵在於接受。唯有接受當前的情況，才有可能改變它。你必須學習不被震撼之事給震撼，不為驚慌之事陷入驚慌狀態。改變你能改變之事，別為你不能改變之事而沮喪。

世間沒有萬靈丹，也沒有烏托邦，混亂之中，只有愛、友善和嘗試，能幫助我們盡力改善現況。別忘了保持心胸開廣，在這個時常想將人心關上的世界裡，把心大大敞開。

8

無眠的星球

睡眠戰爭

一八七九年以前，愛迪生還沒發明出第一顆白熾燈泡時，所有照明都倚賴燃燒煤氣和油料。電燈泡在愛迪生與斯萬聯合電燈公司大力推廣下，點亮全世界。燈泡實用，小巧、便宜、安全，發出的亮度又剛剛好，在世界各地的家庭和企業開始流行。

人類終於戰勝了黑夜。黑暗曾經是我們這麼多原始恐懼的來源，如今只需扳一下開關就能祛除。於是現在，既然入夜後能維持光亮更久，大家也就愈來愈晚睡覺。愛迪生一點也不擔心這件事，反而將之視為一件好事。一九一四年，已經是全球偶像人物的愛迪生，宣稱「現在人實在沒有理由還要睡覺了」。他甚至說，他其實覺得睡覺對人不好，睡太多可能會害人懶惰。他相信電燈泡是一帖良藥，人造燈泡可以治療「不健康且沒效率」的人。

他的想法當然錯了。人不睡覺，功能就無法正常運作。

人類與鳥兒和海龜一樣都有生理時鐘。生物——包含我們，都有晝夜節律。意思就是，我們的身體在一天不同時段會有不同反應，日間和夜間各演化出不同功能。也許再過十五萬個世代，人類會演化成能適應非自然光源也說不定，但現在我們的身體和心智，跟活在愛迪生為電燈泡申請專利之前年代的人，還是一樣的。換句話說，我們仍然需要睡眠。

然而，我們並沒有真正滿足這項需求。世界衛生組織曾公布，工業化國家普遍有睡眠不足的趨勢，建議我們一個晚上最好睡七到九個小時。但做到的人並不多。根據美國國家睡眠基金會（American National Sleep Foundation）的研究，美國人、英國人和日本人平均一晚都睡不到七個小時，而且相差甚遠；其他國家如德國和加拿大，則在七小時上下游走。此外根據更多研究——這次是蓋洛普做的調查，現代人比起在一九四二年，平均睡眠時間減少了一個小時。

不過，人工光源不是唯一的影響因素。睡眠專家還指出，現代人的工作型態，以及寂寞和焦慮感增加，都在這個全天候運作的瘋狂世界裡，提高我們想熬夜與人聊天，或借助休閒娛樂分散注意力的渴望。

有那麼多刺激因子吸引人熬夜。那麼多電子郵件要回覆。那麼多我們愛看的連續劇有愈來愈多集要追。那麼多線上購物可以買，eBay 拍賣也要追蹤進度。那麼多新聞時事要補完。那麼多社群媒體帳號要更新，還要去演唱會，還有想看的書，還要跟發展有望的約會對象聊天，還有好多抱負要實現。那麼多人不知不覺成了愛迪生的徒子徒孫，希望我們熬夜不睡。

我們都知道人睡不飽比較容易難過、煩惱、暴躁、昏昏欲睡。睡眠是維持身心健康的必要條件。一旦睡不好，對生理和心理狀態都可能產生嚴重後果。雖然睡眠不足的某些副作用仍有爭議，但有一些是醫學界普遍同意的後遺症。舉例來說，眾多研究與文獻都重複指出，睡不好會：

—減弱免疫系統
—提高罹患冠狀動脈心臟疾病的機率
—提高中風機率
—提高糖尿病機率
—提高車禍發生機率
—與較高機率罹患乳癌、大腸癌、前列腺癌有關
—損害集中力
—干擾記憶力

—提高罹患阿茲海默症的機率
—體重更有可能增加
—減低性慾
—提高壓力賀爾蒙皮質醇的濃度
—提高憂鬱的可能性

加州大學的「睡眠學家」馬修．沃克（Matthew Walker），在著作《為什麼人會睡覺》（*Why We Sleep*）中寫道：「身體裡似乎沒有哪一個重要器官，大腦也沒有哪一個處理程序，不受惠於睡眠……與一夜難眠造成的身心損害相比，同等量的食物或運動不足，造成的傷害簡直是小巫見大巫。」

睡眠不只必要，還有奇效。然而，睡眠向來是消費主義的敵人。人無法在睡夢中購物。我們無法在睡夢中工作賺錢，或上Instagram發文。除了寢具製造商、羽絨被銷售員、遮光窗簾廠商以外，很少有公司能實際從睡眠獲利。還沒有人研究出如何建造一座購物商場，人可以經由睡夢走進來，廣告商可以花錢在夢中買空間，我們在無意識狀態還可以花錢消費。

慢慢地，就連睡眠也有一點商業化了。現在坊間有私人睡眠診所和睡眠中心，收費提供諮商，教你建立良好的睡眠習慣。市面上還有「睡眠追蹤器」，可監控睡眠中的身體活動，但批評者也不少（如二〇一八年《衛報》一篇主張「還睡眠一個乾淨」的文章），指稱追蹤器不可靠且反而產生負面影響，讓人為睡眠徒增焦慮而已。

但大致上來說，睡眠依舊是個神聖空間，遠離各種世間紛擾。看來這也是為什麼沒有人捨得提早上床睡覺。

Netflix 執行長海斯汀（Reed Hastings）就認為他公司的最大競爭者不是 HBO、不是亞馬遜，也不是其他串流服務，而是睡眠。二〇一七年十一月，他在洛杉磯舉行的一場企業高峰會上發言，後來刊載於《Fast Company》雜誌。「這很簡單，你們想想看，」他說，「你在 Netflix 上看到一齣影集，愈看愈沉迷，於是通宵熬夜……所以嚴格來說，我們是在和睡眠競爭，畢竟那可是很長一段時間。」

這大概就是現代人對睡眠的態度吧：對睡眠要心存懷疑，因為這段時間內，我們沒有接通電源，沒有消費，沒有花錢。而這恐怕也是我們對時間的態度：時間用在休息、發呆、睡覺就是浪費，絕不可以。我們被時鐘奴役，被電燈泡、被發光的智慧型手機宰制。被社會鼓勵我們擁有的那股永不滿足的感覺支配。**現在這些永遠不夠**的感覺。我們的幸福就在不遠前方。就差一次消費、再一次互動、再點一下滑鼠。就像隧道盡頭的光，明亮耀眼，等待著我們，而我們怎麼走也走不到。

問題在於，我們生來就不具備活在人工光源下的條件。我們生來無法適應配合鬧鐘響起床、在智慧型手機的藍光下入睡。我們沒有二十四小時運作的身體，卻生活在二十四小時運行的社會。

總有什麼必須犧牲。

在焦慮星球入睡

坊間有各式各樣付費療程或科技解方。從睡眠追蹤裝置到濾藍光燈泡，從催眠療法到舒眠眼罩。但這些消費產品很多只是徒增我們對睡眠的焦慮。

最好的方法其實很簡單。專家最一致同意的建議包括養成固定規律、減少攝取咖啡因和尼古丁、避免深夜喝太多酒（這些我都能擔保有用）；白天運動、避免在深夜吃豐盛大餐、睡前伸展放鬆，還有多接受一些自然日照。

焦慮發作的期間，我常常難以入睡。做十分鐘（非常）和緩的瑜珈，配合緩慢的深呼吸，對我很有幫助。

但最有效的一個對策，其實簡單得令人詫異，哪怕有點平淡無奇。密西根大學的教授丹尼爾・福杰（Daniel Forger），率領研究團隊調查全球各地的睡眠模式，指出我們正處於「全球睡眠危機」之中，社會迫使大眾愈來愈晚睡。那解決辦法呢？他告訴BBC，答案不是賴床久一點，而是早一點就寢，因為愈晚就寢，睡眠時間就愈少。相較之下，早上幾點起床不會造成太大差別。不過，就算只是早一點就寢這麼簡單的舉動，可能也需要改變文化習慣。「看到有些國家睡眠時間真的愈來愈少，我不會花太多時間擔心鬧鐘，我比較在意大家晚上在做什麼——他們是晚上十點還在吃大餐，還是有人希望他們回辦公室加班呢？」

另一個對策是嚴格規範使用手機和筆電，盡量別把這些裝置帶上床，因為藍光對身體分泌助眠的褪黑激素有不良影響。

話說回來，我剛剛才發覺，現在已經過午夜了，我還在打這些字。我最好把筆電關掉。然後盡量連手機都別滑，趕快睡覺了。

9

優先順序

造訪遊民之家

就算世界並沒有刻意要嚇我們，現代生活的速度、步調，與諸多眼花撩亂的事物，有時也是一種不易察覺的心理傷害。有時，人生看來實在太複雜、太機械化了，我們漸漸就忘了真正要緊的是什麼。

幾個月前，我去了一趟遊民收容中心。位在泰晤士河畔金斯頓區，這裡是倫敦市郊富裕的郊區，很多人可能想像不到，這裡居然也有遊民問題。

我受邀與大家談談閱讀和心理健康。這個地方，也就是曾獲獎的約珥中心（Joel Centre），成立動機並不只是提供床位供人過夜而已，他們的理念是「幫助人相信自己」。一位志工告訴我，「來到這裡的人，少的不只是睡覺的地方，他們少了**歸屬感**。我們的宗旨就是給他們歸屬感。問題是沒有家，而不是沒有房子。當你無家可歸，你缺少的不只是一間臥房而已。」他還補充，在這裡工作讓他體會到人「生活真正需要的東西，不是外頭鼓吹的那些垃圾」。

所以這裡的人，除了有一張床和帶鎖的衣櫃，可自由使用洗衣機和盥洗室之外，也可以與其他收容人一起圍坐在桌邊，每天吃一頓豐盛的飯菜。收容人多半會動手幫忙做菜，也積極參與打掃設施、整理庭院、協助社區等工作。

收容中心是**他們的**。他們是中心的一分子。

與他們分享完我遇到心理健康問題的經驗之後，我有機會與坐在旁邊的男子搭話。他大約和我相同年紀，看上去身心都已經歷盡滄桑，但是臉上掛著笑容。他說他之所以淪為無家者，是因為感情分手後，他陷入憂鬱，卻一直不願面對這個狀態，從此酗酒成癮。他告訴我，收容中心拯救了他的人生。他隨意比了比大門，跟我說「外面」的生活沒有意義，讓他迷失。

他發覺世界愈來愈失去人性。不過在這裡，生活只是幾件簡單的小事。「就只是跟別人說話聊天，與人圍坐在桌邊，為眼前看得到的東西貢獻力氣。」

那也是這個地方給我的感覺。這裡就像把生活必要的事物萃取出來，嚴格過濾對收容人有害的東西，所內非常嚴格禁止酒精、藥物等物質。仔細思量過哪些東西可以進來，哪些必須真的關在門外。

雖然我們大多數人，生活境況都好過約珥中心的收容人，不過這裡的理念很值得效法，而且看來再簡單不過：突顯讓你感覺良好的事物，削減讓你感覺不良的事物，同時讓人覺得真正與周遭的世界相連。

這還真是現代世界最大的矛盾，我自己想著。我們全都與彼此相連，卻常常感到被排除在外。日漸超載、日趨複雜的現代生活，有時非常孤立疏離。

更何況，我們不見得總是知道什麼使我們感覺寂寞或孤立，因此也很難看見問題何在。這就好比你想拆開 iPhone 自己修理。有時候我真覺得社會運作方式跟蘋果公司沒兩樣，好像不希望我們拿一把螺絲起子，拆開外殼自己看看內部問題出在哪裡。但我們就需要這麼做。因為辨認問題、隨時警覺問題的存在，到頭來本身往往就是解決之道。

寂寞的人群

現代生活的矛盾就在於，我們從未如此緊密連結，然而也從未比現在更加孤單。私家轎車取代了公車。在家工作（或失業）取代了工廠，也正漸漸取代開放式辦公室。電視取代了音樂廳。Netflix 正逐漸化身為新型態電影院。社群媒體取代了在酒吧認識的新朋友。推特取代了茶水間。個人主義也取代了集體主義和共同體。我們面對面談話的次數愈來愈少，比較常用帳號分身與人互動。

人類是社會動物。借用喬治．蒙比奧（George Monbiot）的話來說，我們是「哺乳動物界的蜜蜂」。但我們的蜂巢結構已經徹底改變了。

我發覺這幾年，我的線上好友數量不斷增加，但現實生活中實際會見面的朋友卻在縮減。

我下定決心要改變這件事。我努力逼自己多出門，每星期至少與朋友交際一次，漸漸也覺得沒那麼難了。

我不是會緬懷黑膠唱片或光碟的那種人，但我很懷念面對面的人際接觸。不是FaceTime聯絡，不是Skype聯絡，而是實際與某人說話，冒著風雨，頂著陽光，彼此之間除了空氣沒有其他阻擋。在家裡，我盡量放下筆電，多跟孩子說話，免得他們長大以後，覺得自己的重要性還不如一台MacBook Pro。我也盡量不把麻煩當理由，無故取消與朋友的約會。

這確實很費力，真的非常困難。有些日子我甚至覺得，說服北韓放棄開發核武，比起說服我自己不要還沒吃早餐就開了十七次社群媒體，可能都還容易得多。

線上社交很容易，**風雨無阻**。永遠不需要叫計程車，也不用把襯衫燙平。而且有時候也很美好，事實上常常都很美好。但在我靈魂最隱密的深處，我意識到無臭無味、人工照明、數位化、分門別類、企業擁有的環境，並不能滿足我所有的需求，就像外帶餐點怎樣也取代不了在一家溫馨餐館吃飯的純粹樂趣。而我，這個一度因焦慮引起廣場恐懼症（agoraphobia）的人，正慢慢強迫自己花久一點的時間，接觸那個風吹雨打、一團混亂的空間，我們有時候仍會浪漫地稱之為**現實世界**。

如何獨處

你有沒有聽過其他父母抱怨孩子需要持續不斷的娛樂？

你知道的。「我小時候呀，坐在車子後座光是看窗外的白雲青草，一連看個十七小時還是很開心。現在我們家小米莎，坐在車上要她安靜五秒鐘都不行，不是吵著看《花栗鼠三重唱》第十七集，就是在玩手機遊戲，或忙著自拍她的獨角獸造型……」

諸如此類的事。

其實，這裡有個明白的事實。我們擁有的刺激愈多，愈容易感到無聊。而這又是另一個矛盾了。照理說，從來沒有哪個時候，比現在更容易排解寂寞了。線上隨時有人可以聊天。出門在外，也可以用Skype與親朋好友視訊。但寂寞不外乎是一種感受。我受憂鬱症所苦的那一陣子，很幸運有愛我的人陪在身邊，但我從沒感到如此孤單。

我覺得美國作家伊迪絲・華頓（Edith Wharton）是世上最明白寂寞的人。她相信寂寞的解藥不是隨時有人陪伴，而是找到自己獨處也快樂的方法。不是反社會，而是不害怕獨自一人的場景。

她認為想化解那種悲慘的感覺，要「把自己內在的房子妝點得美輪美奐，待在裡頭就很滿足，樂於歡迎任何人進來拜訪，即使不免總有一個人的時候，也還是一樣快樂。」

10

口袋怪獸

二〇四九年的心理諮商

機器人諮商師：所以，你遇到什麼問題呢？

我兒子：呃，我覺得可以追溯到我父母。

機器人諮商師：是這樣嗎？

我兒子：確切來說，是我爸。

機器人諮商師：他怎麼了呢？

我兒子：他以前整天都在滑手機。我常覺得比起兒子，他還比較關心手機。

機器人諮商師：我敢說不是那樣的。那一代很多人不曉得滑手機的各種後果。他們不曉得自己有多沉迷。你要記住，那些東西在當時相對都很新奇。而且，其他人也是，大家都是這樣。

我兒子：但還是對我留下陰影了。我以前會覺得，為什麼對他來說，我還不如別人在他推特上的留言有趣？為什麼我不如他的手機螢幕好看呢？要是我不必老是覺得需要想盡辦法吸引他的注意力，讓他的心思離開手機就好了。當然，這些都是二〇三〇年革命之前的事了。

機器人諮商師：嗯……你父親現在人呢？

我兒子：噢，他在二〇二七年就過世了。他忙著找好笑gif圖的時候，被一輛無人車撞過去。

機器人諮商師：請節哀。後來你過得還好嗎？

我兒子：我投資買了一個機器人老爸。我研究過各種立體投影選項，但我想要能擁抱的老爸。另外我也設定了他的內建程式，他永遠不會檢查手機通知。我需要他的時候，他一定在。

機器人諮商師：聽你這麼說，真是太好了。

擁有手機，但不失去自己

1. 不用覺得你一定要隨傳隨到。還沒那麼古老的年代，人還仰賴信件和電報線通訊，聯絡某人是一件緩慢且不可靠、十分費工夫的事。進入 WhatsApp 和 Messenger 的年代，通訊簡單自由且即時。但這麼輕鬆方便之後，壞處就是別人期待我們一定要隨時都在。隨時接起電話，回傳訊息，回覆電子郵件。隨時更新社群媒體動態。但我們可以選擇不要覺得有這個義務。有時候不妨**讓他們等一下**。我們可以冒點險不更新社群媒體，任由帳號長滿雜草。假如我們的朋友真的是朋友，就會明白我們需要一點清靜。假如不是朋友，又何必擔心不回留言呢？

2. 關掉通知。這很重要，這麼做讓我保持理智（應該吧）。全部關掉，全部的手機通知。你一個都不需要。奪回你的主控權。

3. 一天當中，找些時間不要待在手機旁邊。好吧，我自己也沒乖乖做到，但正在改進了。沒有人隨時隨地需要手機的。我們床邊不需要手機，在家吃飯不需要手機，出去慢跑也不需要手機。我現在都這麼做：不帶手機出門散步。我知道把這種事當成什麼重大成就寫出來，聽起來很荒唐，但之於我的確是重大成就。這和運動一樣，要一點一滴鍛鍊。

4. 不要每兩分鐘就按下 Home 鍵開啟螢幕，檢查有沒有新訊息。練習感覺何時有必要檢查，何時不用。

5. 不要把手機剩下多少電量跟你的焦慮程度綁定在一起。

6. 不要咒罵你的手機。不要哀求你的手機，不要跟你的手機談條件。也不要把手機摔到房間另一頭。手機對你的情緒無感。沒有訊號或沒電了，不是因為手機討厭你，只是因為它是沒有生命的物品。簡單來說，它就是一支手機。

7. 不要把手機放在床頭。對了，我沒有批評的意思。大多數人睡覺都把手機放在床頭，用來代替鬧鐘。我晚上大多把手機放在床頭。我爸媽也把手機放在床頭。我認識的每個人都把手機放在床頭。說不定有一天，我們的床鋪**就是**我們的手機。但我沒把手機放在床頭的時候，好像的確睡得比較好。懂我意思吧，把手機放在別的房間，或只是放在房間其他地方也行。我知道這可能不太實際，但有個目標總是好的。有個夢想可以朝那方向實踐。幻想有一天我們終於夠堅強了，再也不必把手機放在床頭，就好像從前一樣，跟十九世紀、二十世紀一樣，跟二〇〇六年的時候一樣。

8. 試著把應用程式減到最少。滿滿的應用程式和選項雖然增加選擇，但是用起手機也更添壓力。我們有近乎無限的程式可以安裝到手機裡，但選擇愈多，要做的決定也愈多，壓力也愈大。你生下來的時候，手機裡可沒有半個應用程式。嘿！記得嗎？你生下來的時候，根本連手機也沒有。但生活不也一樣美好。

9. 不要妄想一心多用。我們的手機什麼都辦得到，不管是看地圖，還是給吉他調音，於是我們難免幻想可以一口氣同時做很多件事。比方說，我光是在寫這一點的同時，就得刻意阻止自己開電子信箱、檢查收件匣、瀏覽社群媒體。這真的很辛苦。神經科學家丹尼爾．列維廷（Daniel Levitin）指出，網路時代鼓勵人一心多用，但人類其實不具備多工處理的能力。「我們自以為做了很多事，諷刺的是，一心多用明顯降低我們的效率。」他在《大腦超載時代的思考學》中寫道。一心多用不只會形成多巴胺成癮循環，獎勵不專注的大腦。還會增加壓力，降低智商。「我們不收割長時間專心努力之後的龐大回報，反而謀取完成上千件渺小任務之後的獎勵，表面滋味甜美，實則萬分空虛。」列維廷總結道。

10.

接受不確定性。想再三確認手機的誘惑源於不確定性。正因為結果不確定，人特別容易上癮。你希望某人回覆你的訊息，但你不知道他們回覆了沒有。你想確認一下。你滿心期待，想看看臉書右上角那三個神祕的小圈圈有沒有捎來希望。你想知道你的照片或動態更新有誰按讚。但為什麼非得現在知道不可呢？為什麼不能等到你賴完床、開完會、散完步、看完電視、吃完飯、做完白日夢之後再去看呢？大家真的有必要一邊開會，或一邊參加喪禮，還一邊確認手機嗎？要是明白確認再多次也永遠不會滿足，我們說不定就不會這樣了。因為不確定性沒有盡頭。你不會真的有哪一次是最後一次看手機。想想你昨天總共確認了幾次手機。你真的有必要確認這麼多次嗎？我確定我沒這個必要。我已經減少很多了，但還有進步空間。你一天碰幾次手機？看手機的次數呢？恐怕數不清吧。答案可能上百次都有。我告訴自己，想像你假設一天只看五次手機，難道就有什麼災禍會降臨嗎？

亮光

我小時候很愛看街上發亮的窗戶和街燈。每次坐在汽車後座，我都會瞪著窗外，看著別人家的窗戶隔著紅窗簾透出粉紅色亮光，好像ET的衣櫥，一面幻想裡面的人過著怎樣的生活。我覺得人工照明的亮光裡，特別有一種迷幻的感覺。我八歲那一年，那是一九八三年，我爸媽有一本AA旅遊指南手冊，叫《發現美國》（*Discover America*），裡面有一張多重曝光的賭城大道夜景照。「我想去這裡！」我大聲向我媽媽宣布，她一臉嫌惡，當然也從沒帶我去過。

「時間不早了。」我對安德莉亞說。

我們會讀一點書，然後關燈就寢，老是過了早該睡覺的時間。每次我都會想像外面經過的人，看到我們家窗戶透出的方形燈光忽然變暗。

「晚安。」安德莉亞說。

「晚安。」

時間大多已過午夜，房間裡一片漆黑，只有一支手機還發著光。
「麥特，你還不睡覺？」
「我想睡了，但我的腦袋還在運轉。」
「你不應該再看手機了。」
「我只是耳鳴得厲害，手機可以轉移注意力。」
「但你妨礙到我睡覺了。」
「好啦，對不起。我不看手機了。」
「你也知道連續幾天睡不好會怎樣吧。」
「我知道，睡吧……」
我閉上眼睛，腦袋裡仍舊有上千個煩惱正高速運轉，有如賭城那些發光的霓虹招牌，競相吸引著注意力，干擾我的睡夢，有待白日的陽光使其消散。

起床的步驟

1. 醒來。
2. 拿起手機。
3. 盯著螢幕看七十二分鐘。
4. 嘆一口氣。
5. 起床。

或者偶爾試試看，跳過步驟 2 到步驟 4。

口袋裡的怪獸

二〇一八年初，寫這本書的期間，《觀察家報》（*The Observer*）邀請多位作者向小說家兼散文家查蒂·史密斯（Zadie Smith）發問，我也受邀發表一篇訪問文章。我當然沒放過這個大好良機，尤其我剛出書還是新人時，曾在文壇宴會上見過史密斯兩次，兩次都因為焦慮而像個啞巴廢人一樣，不敢過去與她攀談。

我讀過她對社群媒體心存懷疑，也知道她主張自己「有權犯錯」，所以我問她：「你會擔心社群媒體對社會的影響嗎？」

她的回答未加矯飾，開口就批判智慧型手機。

「我受不了手機，不希望手機以任何形式出現在我的生活當中。手機讓我覺得焦慮憂鬱、內心空洞、心神不寧。但如果有人覺得手機很有樂趣、對他們的生活是一大助益，我完全支持。」

史密斯雖然自稱「戒手機的盧德主義份子」[4]，但也認為現在是該檢視我們怎麼

譯註 4
盧德主義者（Luddite）原為十九世紀英國民間反工業化、對抗工業革命的社會運動者。現代用於指稱反對新興科技、消極抵抗消費主義的人。

使用這項科技了。「你口袋裡頭這個小小的裝置，對你與其他人的親密關係有何影響？」她問，「對你身為社會公民一分子的行為有何影響？說不定沒有影響，完全好得很！但若不是呢？……我們晚上睡覺有必要把手機放在枕邊嗎？我們七歲的孩子有必要用手機嗎？我們希望把對手機的依賴與著迷傳給下一代嗎？這些全都需要仔細想過，不能放任科技公司替我們做決定。」

我比史密斯更頻繁使用手機，但即使是這樣，又或者正因為是這樣，她的焦慮很多我都能體會。而且也不乏跡象可見，就連那些替科技公司工作的人也很在意這些問題，這表示我們更該在乎影響力龐大的科技業巨頭正把我們帶向哪裡。舉例來說，至少從《紐約時報》於二〇一一年報導過後，大家都知道，很多蘋果和雅虎公司的員工選擇把孩子送去讀禁用科技產品的學校，例如加州洛阿圖斯（Los Altos）的半島華道夫學校（Waldorf School of the Peninsula）。

也有很多科技業圈內人出面告誡世人，要提防他們參與創造的東西。臉書按「讚」功能的發明者，賈斯汀．羅森斯坦（Justin Rosenstein）就說過，科技太令人沉迷，即使是他也得替手機設置家長監督功能，防止下載太多應用程式，同時限制他使用社群媒體的時間。還有一點值得順帶一提，臉書的按「讚」功能也會幫助資料探勘者了解我們的身分與喜好。我們在網路上按的每一個喜歡都會透露關於我們的一切，上至性向，下至政治立場，而且有心人士還能收集這些資料反過來影響我們，例如二〇一八年的劍橋分析公司醜聞，報導指出有五千萬名臉書用戶的個人資料遭此英國公司不當取用，協助企業與政治團體「改變閱聽觀眾行為」。

「人類常常這樣，」二〇一七年，羅森斯坦用好像現代法蘭肯斯坦博士[5]的口吻告訴《衛報》：「立意良善創造了某樣東西，可卻產生了意想不到的負面後果……不論是誰，每個人的注意力一直都是渙散的。」

推特的兩名創始者也表達了相似的懊悔。伊凡．威廉斯（Ev Williams），於二〇一〇年卸下推特執行長職位，二〇一七年他告訴《紐約時報》，看到推特成為幫助川普當選總統的媒介，他很不開心：「推特在過程中扮演的角色，真是很不幸的一件事。」

推特另一位共同創始者畢茲．史東（Biz Stone），懊悔的則是另一件事。他接受《Inc.》雜誌專訪時表示，他覺得推特最嚴重走錯的方向，是容許陌生人在貼文內標記別人，因為這創造出一個充斥霸凌的環境。根據 BuzzFeed 報導，另一名員工私下罵推特是「人渣集中地」。

譯註 5
Dr Frankenstein，英國作家瑪麗．雪萊創作的《科學怪人》故事中的主角科學家。

二〇一八年初，現任蘋果執行長庫克（Tim Cook），也在英格蘭艾色克斯郡向一群學生表示，他認為小朋友（例如他的姪子）不該使用社群網路，也不該過度使用科技，可見這些並不只是「盧德主義者」才有的顧慮。

事實上，還有一群前科技公司員工更進一步，成立了「人性科技中心」，旨在「重新整合科技與人性的最大利益」，翻轉「數位時代的注意力危機」。

等候多時，如今終於有許多科技業人士聚集起來討論這些顧慮的例子了。比如二〇一八年，於華盛頓舉行的一場名為「科技真相」的會議，與談人包括前Google「倫理學家」、現在是科技業知名舉報者的崔斯坦．哈利斯（Tristan Harris），以及臉書早期的投資者羅傑．麥克納米（Roger McNamee），還有其他政治人物及遊說團體成員，如致力於對抗年輕世代科技成癮症狀的常識媒體。會中談及各方面的問題，諸如Google的Gmail服務如何「綁架」人的心智、Snapchat如何透過「進度條」等功能，讓使用者能每天檢視與朋友進行了多少次互動，利用青少年的友誼來刺激科技成癮。據《衛報》報導，哈利斯將科技世界喻為西部荒野，特色都是「只要你想，哪裡都能開賭場」，麥克納米則與過去的菸草與速食產業比較，菸草公司把香菸宣傳為健康商品，即食餐點的製造商從未向消費者提起他們的產品鹽分含量極高。但差別在於，假設拿菸癮來說吧，香菸不會取得我們的資訊。香菸不會收集我們的資料，不可能比家人更了解我們。不用說，網路對我們的一切瞭若指掌，知道我們有哪些朋友，了解我們的音樂品味，明白我們的健康顧慮、感情生活、政治立場。而網路公司可以不斷取用這些資訊，讓他們的產品更加令人上癮。科技圈內人亦警告，目前並沒有太多規範能阻止他們這麼做。

相關研究數量愈來愈多，也加深了他們的顧慮。比方說有研究指出，科技導致一種「持續局部關注」狀態，這種狀態很可能誘發成癮。二〇一七年，德州大學麥庫姆斯商學院做了一項研究，總結發現光是把智慧型手機放在身旁就會降低人的「認知能力」。

我寫作本書時，「智慧型手機成癮」或「社群媒體成癮」尚未被正式認定為心理疾患，不過世界衛生組織現已將電玩遊戲成癮正式歸類為精神疾患，顯見社會正逐漸意識到，科技對人心理健康的影響多麼嚴重。但這方面的認識還有很大的進步空間，而且明顯趕不上科技令人目不暇給的變化速度。

不過，社會壓力正在升高。比如二〇一八年CNN報導，龐大的聯合利華集團威脅抽走臉書和Google的廣告，除非兩家公司挺身對抗負面的網路問題，包括個資威脅、引人反感的內容，以及對兒童保護不足——這些問題正在「侵蝕社會信任、傷害使用者、危害民主價值」。社會正逐漸意識到，這些勢強力大的網路公司理當效法蜘蛛人，能力愈大，該負起的責任也愈大。不過，要是沒有我們現在才慢慢見到的這些真正的社會與財經壓力，網路公司會負起多少責任依然十分可議。這就如同速食業、香菸業或槍枝產業，既得利益的公司往往最不願意看見商品潛在的問題。所以假如連圈內人都出面警告了，我們真的應該好好聽進去。

11

絕望偵探

「是這些片片斷斷支撐了我的崩壞」

——艾略特（T. S. Eliot）
《荒原》（*The Waste Land*）

覺察

二十四歲那年，我第一次發病，在我「瓦解」的那陣子，世界的輪廓格外鮮明，我的感覺特別強烈，也特別痛苦。陰影忽然彷彿有了重量，白雲顯得灰暗，音樂超級大聲。我對原已麻木的一切事物變得敏感。我注意到現代世界有哪些東西會讓我情緒惡化，這些東西大概也讓很多人情緒惡化。我感覺到令人倦怠的廣告宣傳壓力、人群與車潮的混亂瘋狂、打從本質令人窒息的社會期待。

生病能教導健康之人很多事情。

但等我好了以後，我又把這一切忘了。竅門就在於要保有當時的覺察，化復原為預防。把日子過得和生病時一樣，而不是真的生病。

希望

影響我們心理健康的某些因素源於遺傳，涉及個人的基因或大腦化學作用。但我們無法改變基因，但是我們可以改變那些會隨時間與社會更迭的其他觸發誘因。

別的年代當然也有各自的心理健康危機。每個年代都有自己特殊的問題要應付，但我們也不該因此將就於自己的文化。

明白這點的好處——也是能解放我們之處在於，如果我們的焦慮其實部分是文化的產物，那也就是我們能改變的東西，只要我們改變對文化的反應就行了。其實，我們甚至不必有意識地做出改變。單純只是覺察問題，改變就有可能形成。

人的心智不外如此，覺察往往就是解答本身。

絕望偵探

我認為世界永遠會是一團混亂。而我也永遠都會是一團混亂。你可能也是一團混亂。但我相信——這點對我至關重要，當一團快樂的混亂是有可能的。或者至少是一團沒那麼悲慘的混亂。一團**還過得去**的混亂。

「宇宙生自混沌，」榮格說，「混亂之中皆有神祕的秩序。」混亂其實沒那麼壞。你到現在可能已經察覺，我刻意寫了一本混亂的書，描述世界的混亂和心靈的混亂。總之我是把這當成藉口啦。我希望零散篇章放在一起能形成某種完整。我希望這些都能串連在一起。假如失敗的話，我希望這些沒頭沒尾的文章至少也能引發你的思考。

問題不在於世界是一團混亂，而在於我們的預期與之相反。我們被灌輸了人為主宰的觀念。我們想去哪裡都可以，想成為什麼都行。因為我們擁有自由意志，活在一個充滿選擇的世界裡，應該不只要能夠選擇在哪裡上網、看什麼電視節目、從線上數千萬道食譜裡挑喜歡的料裡來做，還要能選擇感受才對。因此當我們的感受不同於希望或預期的時候，不免困惑沮喪。我明明有這麼多選擇，為什麼還快樂不起來？而且為什麼我明明沒有一定要難過或煩惱的事，卻還是覺得難過且煩惱呢？

事實是，我初次發病時，起先我根本不知道自己怎麼了，更別說知道是什麼原因引發的。我一點也不了解我想逃離的那個地獄，我只是一心想要逃離。如果你的腳著了火，你不會知道火焰的溫度，你只知道腳很痛而已。

後來醫生給了我一些標籤：「恐慌症」、「廣泛性焦慮症」、「憂鬱症」。這些標籤令人擔憂，但也很重要，因為我從此有了使得上力的地方。讓我不再感覺自己像異形。我依舊是人，只是患了人類的疾病，其他千千萬萬人也得過，而且多數人都克服了疾病，或者找到了某種方法與疾病共存。

即使知道了我的疾病名稱以後，我仍然相信病根全出自於我的體內，本來就存在於那裡，跟大峽谷本來就在那裡一樣，是我心靈地貌的固定風景，我沒有辦法做任何改變。

我再也不能欣賞音樂，或美食，或書，或與人交談，或陽光，或電影，或節日，或任何東西了。我已經爛了，爛到骨子裡，像一個、像一個⋯⋯（比喻憂鬱感的形容詞永遠不夠），像一棵腐朽的樹木。這棵枯木的女朋友和父母還會再三跟他說：「你會好起來的。我們會找到方法讓你好起來。」

當然了，坊間有很多不同療法。我試過煩靜錠（diazepam），也試過順勢療法的醫生開給我的多種藥劑。我試過親朋好友的建議，試過金絲桃和薰衣草精油。我吃過安眠藥，試過打電話給生命線。不久我就放棄嘗試了。服用煩靜錠期間，生活像是一場惡夢，停藥又是更可怕的惡夢。我可能應該嘗試服用不同藥物，但我沒有，你想批評我也沒關係。我當時沒辦法理性思考。讓情況更複雜的是，既然這一切看來都沒效，我很害怕再吃更多藥、再尋求更多幫助。我所說的害怕，遠遠超越我歷來所知的恐懼。

我在《活著的理由》裡寫到這點，有些人以為我是在表態反對吃藥，所以我要在這裡講清楚：我不是反對吃藥。確實，製藥產業存在形形色色的問題，科學研究也尚在進展階段（畢竟科學研究的本質如此），但我也知道，藥物拯救了很多人的性命。我認識一些人跟我說，當初如果沒有藥物幫助，他們不會活到今天。我也相信有些藥物或許可以幫助我，只是我沒有找到。我不相信吃藥是**終極**解決之道。我也相信開錯藥可能會害某些人心情更惡劣，但這種情況和其他任何疾病一樣，患有關節炎或心臟毛病也可能吃錯藥。何況，說藥物不是唯一解答，這是基本常識，因為藥物真的很少是唯一解答。你如果有關節炎，瑜珈、游泳和曬太陽可能有幫助，吃藥也可能有幫助。這不是非得二擇一的情況。我們有必要找出什麼東西對自己有效。此外，以我的例子來說，我心理受創，要說能思考得多透徹，差得可遠了。

當時，嘗試種種無效的方法只讓我的生活更悲慘。我剛才說過，不管是諮商或藥物，很可能有適合我的治療方法也說不定，但我運氣不好沒有找到。我當時不夠勇敢，沒有去找。我的痛苦程度大到只能勉強承受，剛好可以活著而已。我不能再冒一丁點變化的風險，這就是我當時的邏輯。每一天都感覺生死交關。我沒有持續回診看醫生，不是因為痛苦沒那麼嚴重，反而正是因為太痛苦了。像這樣寫出來，我也意識到聽起來很荒謬，但這就是我當初的真實狀態。我用來抵抗腦子裡那片混亂的方法都宣告無效。而且老實說我遇到的醫生都不是那麼善解人意。我衷心相信邁入二十一世紀之後，事情在很多方面都有所進步。

總之，我見識過那個黑暗的坑洞，我絕望地想爬出來，但逃生途徑彷彿在我面前一一關上。

除此之外，很多身處這種情況的人都發現，你會像偵探一樣，獲得線索，設法破解一樁命案。起初沒有半點頭緒，至少沒有看得見的線索。陷於坑洞的每一天都宛如地獄。前幾星期和頭幾個月，每一天都包含情緒極度痛苦的時刻，阻擋任何希望萌芽。但我慢慢體會到，那些痛苦雖然發生在內心，不過往往有外在誘因。我沒找到能讓我情緒好轉的東西。不久我發現，有些東西會讓我情緒更惡劣：喝酒、抽菸、喧鬧的音樂、人群。世界**滲透進來**。不管我們在做什麼，世界總是會滲透進來。但直到我生病以前，我從來不曉得它是怎麼進來的。

給自己的備忘錄

保持冷靜，堅持下去。保有人性，繼續奮鬥，懷有嚮往。繼續追求理想，永遠要看看窗外。保持專心，保持自由開放，無視嘲諷挖苦，無視彈出式廣告和腦海冒出的念頭。別怕看起來很傻。保有好奇心。不斷把握事實真相。持續愛人，持續允許自己擁有人類犯錯的權利。保有屬於你的空間，在四周豎立起圍籬。繼續閱讀，繼續書寫。把手機放在隨手拿不到的地方。當周遭全都失去理智的時候，保持清醒。繼續呼吸，繼續把生命大口吸進胸口中。

永遠記住壓力能把人引向什麼地方。

（永遠記住在百貨商場的那一天。）

恐懼與購物

我人在一座百貨商場，我在哭。

我二十四歲，四周被人群和商店以及閃亮的招牌包圍，我招架不住。「不行，」我低聲呢喃，呼吸逐漸失去規律，「我做不到。」

「麥特？」

這原本是一次測試。我答應跟安德莉亞（她當時還是我的女朋友）到她父母家附近的大城市，英格蘭北部的紐卡索，陪她逛街購物。我不知道我們的購物**目標是什麼**。我的注意力純粹只放在順利通過這個行程，恐慌症不要發作。

表現得像其他正常人一樣就好。

「對不起，我真的沒辦法，我……」看我多可悲。一個年輕男子，置身在一個從電視節目、到學校操場，全世界都告訴我，男人就是遭遇痛苦也要堅強、剛毅、沉默。一個大聲昭告年輕就是要享樂，要在明亮耀眼的青春王國自由徜徉的世界。而我卻在這裡，明明正處人生巔峰，卻在購物中心莫名其妙哭泣。其實也不真的是莫名其妙。是因為痛苦，還有恐懼。我跟這種痛苦與恐懼素不相識，直到一個多月前，我在西班牙工作，忽然恐慌發作，停不下來，然後漸漸混合了一種難以言喻的可怕感覺，畏懼不安和惶然無望滲入我的肌肉與骨髓。

那股絕望如此強烈，幾乎只差沒奪走我的性命。放眼望去好像都沒有出路。死亡再怎麼可怕，這股活著的恐懼似乎都更加駭人。每個人都有極限，一個再也忍耐不了的臨界點，而我幾乎是沒來由地就遭遇了我的臨界點。

「沒事的。」安德莉亞握著我的手說。那一刻比起女朋友，她更像是母親或護士。

「不對，才沒有沒事。對不起，我很抱歉。」

「你今天早上有吃煩靜錠嗎？」

「有，但是沒用。」

「不會有事的，你只是恐慌而已。」

只是恐慌而已。

她憂心的眼神讓我覺得更難過。我已經害她吃了這麼多苦頭。我明明只需要走路而已，像個正常人一樣走路、說話、呼吸。一點都不難，又不是太空科學。但在那當下，對我來說可能就是。

「我做不到。」

安德莉亞聽了表情僵硬，她緊閉著嘴。就算是她也有極限。她忍不住**對我**生氣了，原因也是**為了我**。

「你做得到。」

「不，小安，我真的他媽的做不到。你不懂。」大家都在看，他們提著沉甸甸的購物袋經過，朝我們的方向投以目光。

「深呼吸，慢慢深呼吸。」

我試著深呼吸，但空氣幾乎沒通過喉嚨。

「我……我……吸不到空氣。」

那一天稍早，我的感覺還沒有這麼糟，只是有一股不變的淡淡的絕望感。搭公車進城的路上，恐懼悄悄潛近，有如一條刺刺癢癢的毛毯慢慢裹住我。

現在我全身都充滿了恐懼。

我動彈不得，僵在原地，佇在 Vision Express 眼鏡店外，四周路人環繞，我卻無比孤單。我開始吞口水，想轉移心思。我那時養成了幾個輕微的強迫症症狀，強迫吞口水是其一。我其實只是希望利用這些輕微症狀轉移注意力，避免更嚴重的症狀發作。但沒有用。

我沒有希望，也沒有出路。生活是屬於其他人的。

我把世界阻隔在外，現在它還是陷落進來了。安德莉亞的聲音變得遙遠而朦朧，我的最後一線希望，還在努力呼喚我早已不是的那個人。

你只有一顆心

每當回想起在商場的那次經驗，我都會設法仔細分析。這一段經驗與眾多類似經驗一樣，不時會像越戰光影閃現在我腦海，只差沒有暴力場面。我重溫過去，希望能接受往事並從中學習。不只學習如何避免恐慌再度發作，也學習認識我的心靈是如何與世界交錯纏繞的，同時想出怎麼樣能夠減少整體的焦慮壓力。

那件事的第一個問題在於，它發生在我最早經歷焦慮和憂鬱的時期。初次面臨心理疾病發作，你會想像從今以後人生就是這樣了。你會長期處於憂鬱，偶爾穿插恐慌發作，將永遠如此下去。那樣的想像令人害怕。怎樣也看不見出口，簡直如同幽閉恐懼症發作。

第二個問題是我還不知道該怎麼因應恐慌發作。學會這一課要花上好幾年。

第三個問題則在於，我還不明白外部世界與內在世界如何連結在一起。我不知道「你的心情」和「你在哪裡」多麼相關。我不知道商店兜售和廣告促銷的世界不見得對腦袋有好處。這兩年來，學界針對外在環境對健康的影響做了很多研究。比方說，二〇一三年由心理健康慈善團體「心智」基金會（Mind）委任、艾色克斯大學執行的一篇研究，比較民眾在購物商場散步，與在艾色克斯的貝荷斯鄉村森林公園周圍「踏青」的經驗。雖然不論在室內或戶外，散步對頭腦的益處向來為人所知，但調查結果卻發現，44%在購物商場內散步的民眾表示他們覺得自尊心下降，相較之下，幾乎所有（90%）在森林散步的人都覺得自尊心上升了。這一類研究愈來愈多，說明大自然對人類心智的益處，我後續會再提到。但當時我對這些一無所知，研究大部分也還沒做出來。

身處商場令人不自在也不是沒有道理。百貨商場是一個刻意營造刺激的環境，用意本來就不是要讓人舒適平靜，只是要我們多掏錢消費而已。何況焦慮往往能誘發消費，感覺平靜滿足反而可能違背商場的最大利益。以購物商場的眼光來看，平靜和滿足是經由**購買**才能達成的目標，不可以是原已存在的地方。

第四個問題是罪惡感。我為這些症狀感到歉疚，因為我並未真的將之視為疾病，我把這些看成自我意識過剩。

還有一個教訓，我至今還在努力了解，那就是轉移注意力以前沒用，以後也不會有用，寫作這本書對於體認這一點十分有幫助。一來，商場本來就是經過刻意營造，很能令人分心的環境，但這樣的環境並沒讓我忘卻自我，反而更加陷於自我。熙攘的人群並未幫助我與人建立聯繫。比起跟另一個人單獨相處或甚至自己獨處，置身人群之中，我反而更覺得孤單。

找另一件事來折磨自己，好忘卻前一件事的折磨，這個對策我已經太熟悉了。多年前，推特還沒出現，也沒有社群媒體麻木心靈、使人一再想點擊查看的衝動，我就已經迫切需要其他事物來分散注意力了。但那沒有任何好處。對抗症狀，只會形成更多症狀。忽略火勢並不會把火熄滅，必須承認起火了才行。強迫性吞口水、發推特或喝酒，也不會讓你擺脫痛苦。總有一天，你必須面對痛苦，面對你自己。活在一個有千千萬萬件事分散心思的世界，你依然只有唯一的一顆心。

邪惡的假人

現在回想那一次恐慌發作，我會想到世界是怎麼滲進我內心的。即便當時我也有一種直覺，不能說完全有意識，但隱約察覺我周遭存在著誘發恐慌發作的原因。就連商店櫥窗的假人也包含在內。

我杵在那裡，在那個封閉、忙碌的人工商業空間，已經過了來得及回頭的臨界點，我個人的奇點。我看著安德莉亞，清楚知道我即將毀掉我們的一天，這種發展再熟悉不過。

我閉上雙眼，想躲避商場的聲光刺激，卻只看到怪物和魔鬼，內心裡成群的怪物，比任何九頭蛇或獨眼巨人都更可怕——我個人的地獄此刻離我只差一次眨眼或一個念頭。

「加油，你可以的。慢慢呼吸。」我盡力照她的話做，慢慢呼吸，但空氣感覺不像空氣，感覺不像任何東西。我**自己**也感覺不像任何東西。

我擦了擦眼淚。

眼鏡店的對面是一家服飾店。我不記得是哪一個品牌。但我記得櫥窗裡有身穿洋裝的假人，那景象挾著創傷的重量烙印在我記憶裡。假人是有頭的那一種，灰色的頭，沒有頭髮，用簡單特徵抽象代表鼻子和眼睛，但沒有嘴巴。假人站著，擺出不自然的生硬姿勢。

他們看起來極度心懷不軌，彷彿也是有感情的生物，不只知道我的痛苦，而且還參與其中，是**加害我**的一員。

說實在話，這也是我往後幾個月甚至後來幾年間，焦慮和憂鬱發作的一大特徵，覺得世界某部分蘊含著悄悄外露的惡意，會向人施加沉重無望的痛苦。可能藏在某一張臉的笑容裡印在光滑的雜誌上，可能藏在前方凝視你的車尾燈那邪惡的紅光裡。或者躲在電腦螢幕太過明亮的藍光當中。

沒錯，也隱藏在商店假人模仿人類的陰險姿態當中。

等我有一天準備好面對痛苦的時候，這種極度敏感的感覺其實會助我一臂之力，幫助我了解如果外在事物有些能產生負面影響，那另一些說不定有正面影響。但當時我只擔心我快要瘋了。

我深信我不是為了現實世界而生的。某方面來說，我想得也沒錯。我的確不是**為了**這世界所打造的。我跟所有人一樣是**被**這個世界給打造。我被父母、文化、電視、書籍、政治、學校打造，說不定還被購物商場打造。

所以，我需要一個新的我，不然就是需要一個新的地球。哪一個我都還不曉得怎樣才找得到。這也是為什麼我覺得想自殺。

「我必須離開這裡。」我當時一邊說，一邊抹著眼角的眼淚，活像在超市走失的小朋友。

我所謂的「這裡」，廣泛到可以代表任何地方，小自「我的腦袋」，大至「這個星球」。當然，更迫切的「這裡」指的是購物中心。

「好好好，我知道了。」安德莉亞說。她就在我身邊，但也在千里之外。她環顧四周找到最近的出口說：「走這邊。」

我們走出戶外，走進自然的陽光下。然後我們回到安德莉亞父母家裡，我躺在安德莉亞小時候的床上，跟她父母解釋我有一點頭痛，因為說成頭痛他們比較容易理解，總不能說我遇到看不見的獨眼巨人。總之，接下來好幾星期又好幾個月，我感覺到輕重不一的不適，但最終也慢慢康復了。而且更棒的是，我慢慢更明白這一切。

一個願望

我好希望能向年輕時的自己解釋一些事情。我希望告訴自己，那不全是我的錯。我希望能說明，其實有哪一些事是我可以做的。因為我的焦慮、我的憂鬱，不是沒頭沒尾就**在那裡**的，生病跟受傷一樣，往往有來龍去脈。

我會陷入狂亂或絕望的心境，平息不了滿腦子的糟糕念頭，這往往是一連串、一系列事情導致的結果。當我做得太多、想得太多、吸收得太多、吃得太隨便、睡得太少、工作太辛苦、被生活消磨得太過疲憊，那就會發生。

那是心靈的重複性勞損。

二十一世紀，如何不恐慌發作

1. 時常關心你自己。當自己的朋友，當自己的爸媽。善待自己。查看自己在做什麼。已經三更半夜了，你一定看完連續劇的最後一集嗎？你真的有必要喝那第三杯或第四杯紅酒嗎？那**真的**對你最好嗎？

2. 清理腦中的雜念。恐慌是超載的產物。我們活在超載的世界，需要一張濾網。我們需要化繁為簡。需要偶爾斷線。我們需要放下手機，別再死盯著看。留一些時間別想工作的事。一種心靈的風水調理。

3. 聆聽平靜的聲音。不像音樂那麼刺激的聲音。海浪，自己的呼吸聲，吹拂枝葉的一陣微風，貓咪的呼嚕聲，最美妙的是雨聲。

4. 順其自然，任其發生。當人感覺恐慌，最直覺的反應往往是更加恐慌。因恐慌而恐慌。後設恐慌。這時的訣竅是盡量去感受恐慌，而不要為之恐慌。這幾乎不可能，但並不是完全不可能。我有恐慌症，定義不是偶發的恐慌，而是頻繁的恐慌發作，而且持續極度恐懼下一次發作。等到我恐慌發作好幾百次之後，我開始告訴自己，這正是我想要的。這當然不可能是我想要的。但我會努力想辦法招惹恐慌，測試看看我能不能應付。我愈是歡迎它來，它愈不想逗留在我附近。

5. 接受感覺。同時接受那就只是一陣感覺。

6. 別死命想掌控生活。「生活應該輕輕撫觸，不是大力勒緊。」名作家布萊伯利（Ray Bradbury）說。

7. 放開恐懼沒有關係。恐懼想告訴你，它是必要的，它能夠保護你。接受恐懼是一種感覺，不是確定的資訊。布萊伯利也說過：「學會得到以前，應該先學會放手。」

8. 留意你所處的環境。你周圍是否環繞過多刺激因子？有沒有其他比較平靜的場所可以去？有沒有自然風景可以欣賞？抬起頭看看。身在市中心，比起視線所及的店舖，房屋頂樓看來比較不那麼密集。看看天空也有幫助。

9. 多伸展，多運動。恐慌既發生於心理，也發生於身體。對我來說，跑步、瑜珈比什麼都有幫助。尤其是瑜珈。彎腰駝背在筆電前一連工作好幾個小時，我的身體緊繃，瑜珈可以把身體重新伸展開來。

10.

呼吸。深呼吸，純粹平緩的呼吸。專心於一吐一息。呼吸是你為生活定下的步調，是你這首歌的節奏。呼吸是回到事物中心的方法，世界想從四面八方向你發動攻勢，呼吸帶你回到自我的中心。呼吸是你第一件學會做的事情。是你做過最重要卻也最簡單的事。留意呼吸等於記住你還活著。

12

身體會思考

四體液說

從前從前，古希臘時代的醫生會用「四體液說」來解釋人體現象。人體有四種獨特的體液，每有身體不適都可追溯至其中一種體液過剩或不足，四種分別是黑膽汁、黃膽汁、黏液和血液。

到了古羅馬時代，四體液說演變成與四種氣質對應。舉例來說，假如你有易怒的毛病，人家會跟你說，你的黃膽汁太多了，那是屬火的體液。這表示你現在叫別人「冷靜」一點，正和古羅馬的官方醫囑遙相呼應。

假如你覺得消沉，或憂鬱，那是因為黑膽汁過剩。事實上，憂鬱的英文「melancholia」這個字，即源於拉丁文借用古希臘語的 melas 和 kholé 兩字，意思就是「black bile」，黑色膽汁。

這個學說現在看來毫無科學根據。但至少有個方面堪稱先進。那就是它並未把生理健康與心理健康劃分開來。

有此劃分，絕大部分要怪哲學家笛卡兒。他相信心智和身體完全各自獨立。他在一六四〇年代就倡言，身體運作如同不會思考的機械，相反地，心智則不具有實體。大家喜歡這個想法，不只當時蔚為潮流，至今都還對社會有影響。

但這樣的劃分沒有道理。

心理健康與整個身體巧妙相關。而整個身體也與心理健康巧妙相關。不能隨隨便便畫一條線區分心智和身體，就像你不能畫一條線就想區分海洋。

它們是交錯糾結在一起的。

目前已知，從憂鬱症到注意力不足過動症，運動身體對各種心理疾患都有正面影響。而身體疾病也有心理影響。感冒可能使人產生幻覺。診斷出癌症可能令人憂鬱。氣喘可以導致恐慌。心臟病發可以形成心理創傷。你如果腰痠背痛——或耳鳴，或胸悶，或抵抗力下降，或胃痛，而原因是壓力的話，那這算是心理還是生理毛病呢？

我覺得我們不該再繼續把心理健康和生理健康看得涇渭分明，兩者更像是二合一的情況。兩者沒有區別。我們是心靈的，也是身體的。我們並未分裂成不相干的兩個區塊。我們不是一間區分部門樓層的活體百貨。我們同時就是全部。

心智與身體

腦也是身體。

何況除此之外，思想並不只是腦的產物。認知科學家克拉克斯頓（Guy Claxton）在《肉身的智慧》（*Intelligence in the Flesh*）一書中就寫道：「身體、內臟、感官、免疫系統、淋巴系統，與大腦的互動如此即時且複雜，我們不能在脖子畫上一條線，然後就說：『這條線以上是聰明的，這條線以下是僕人。』我們並不擁有身體，我們就是身體。」

這之外，還有「小小腦」的問題——我們的胃和內臟中，有一億個神經元（神經細胞）構成的網絡。好吧，與我們的「主腦」擁有八百五十億個神經元相比，的確是小巫見大巫，但也不能因此嗤之以鼻。貓的腦部神經元數量也就只有一億個。

面試工作前，胃痛得像是「蝴蝶在飛」，或是太晚吃午餐，覺得餓扁了，那正是我們的「次腦」在跟「主腦」講話。

換句話說，這也表示心理健康與身體本身不相干的觀念，已經和笛卡兒那頂來路不明的假髮一樣陳舊過時了。

然而，我們今天依然深受這種區分之害。我們把職業分成腦力工作和勞力工作。「專業」工作需要我們通常視為智力的能力，以及「良好的教育」；而被瞧不起的「非專業」工作，則往往是體力活兒。白領與藍領。

但活動也有自己的智力。跳舞有跳舞需要的智力，體育有體育需要的智力。只是我們從就學年齡開始，就隨隨便便把人分類，認定某個人擅長運動或適合學術——或借用電影《早餐俱樂部》（Breakfast Club）的說法，這個人是「肌肉棒子」，那個人是「書呆子」。日後這便決定了他們的職涯道路是會走向低薪的體力勞動，還是一份高薪的辦公桌工作，整天盯著 Excel 圖表看。我們也替文化區分高低。逗人笑或使人感動的書，價值在世人眼中比不上引人「思考」的書。

看看我們替心智與肉體劃分的界線，看愈久愈顯得沒道理，然而我們卻把整個健康醫療體系建構在這條線上面。不只健康醫療，我們的自我與社會也是。是時候改變這點了。是時候把身心重新接合，是時候接受人類完整的自我了。

汙名

除非真的心理生病了，否則我們不被鼓勵談論自己的心理健康，好像一定要假裝百分百健康一樣。壓力沒受到應有的重視。還是正因為太重視了，大家才羞於談論他們哪些日子心理健康不佳呢。不論如何，這都導致更多的人不僅壓力過大，還因此生病。

而當我們真的生病了，終於有機會談論了，我們又會遭遇新的汙名。我們太常把心理疾病視為個人造成的結果，對其他疾病卻不會這樣。因為心理疾病打從本質上被看作是不同的東西，我們談論的方式也不同，帶有更多毀謗中傷的詞彙。想想被用來稱呼心理疾病的那些字眼就知道了。

報章雜誌有時會報導名人「自白」患有憂鬱症或焦慮症，或有飲食失調症或成癮症，好像他們犯了滔天大罪。而實際的犯罪又太常被解釋成心理疾病的衍生產物——大規模槍擊和性侵害事件在媒體報導中，往往跳過恐怖主義和性犯罪，被放在「精神疾病」或「成癮症狀」的脈絡下檢視。現實中，心理疾病患者還更可能淪為犯罪的**受害者**。

我們也不太清楚怎麼討論自殺。真的談到的時候，我們習慣使用「犯下」（commit）這個動詞，暗示禁忌和犯罪的涵義，重現過去自殺還被當作一宗罪的年代。（我最近試著改說「自殺過世」，但由我口中說出依然覺得有點勉強，而且怪怪的。）很多人不太能夠接受「自我了結」這個概念，覺得把自殺視為一種選擇，看起來像是對全體人類的汙辱，因為竟然有人選擇放棄生命，這麼神聖寶貴的生命，與鳥蛋一樣纖細脆弱的生命。但我個人知道，自殺不見得是那麼明確的抉擇。你很可能也害怕自殺，但仍感到不得不為，因為活著的痛苦更加難以忍受。所以，談論自殺難免令人不自在。但我們非談不可，因為羞恥、沉默的氛圍會阻礙人尋求適當的幫助，可能害他們覺得異常孤獨。簡單來說，可能致命。

自殺是二十歲到三十歲之間的男女兩性最大的死因。也是五十歲以下男性最大的死因（至少在我生活的國家，也就是英國是這樣。其他歐洲國家的統計結果也同樣悲涼。在美國，槍枝貢獻了令人難過的數據，不論年紀和性別，自殺都位列全體國民的前十大死因，不過與歐洲、加拿大和澳洲一樣，男性自殺的比例比女性高出三倍。）

這些死亡往往是可以預防的。這也是為什麼，我們必須忽略社會要人「拿出男子氣概」的說詞，反而應該找尋真正的力量。不論男人或女人都能說出心聲的力量。

我們的語言裡充斥著歷史羞辱的餘音。再舉一個例子，我們說某人正在「對抗內心的魔鬼」，其實也形同喚起黑暗時代那些迷信觀念，相信人精神失常是惡魔搞的鬼。

還有那些一再重複關於勇氣的說法。要是有一天，有公眾人物說自己有憂鬱症，而媒體不會用「驚人的勇氣」或「勇敢說出實話」之類的說詞報導，那就好了。沒錯，這些話是出自好意。但有……比方說焦慮症，不該是需要**告解**的事，只要能自然告訴別人就夠了。那就是一個疾病，跟氣喘或痲疹或腦膜炎沒有不同。不是需要愧疚的祕密。羞恥反而會使症狀加劇。沒錯，真的，患者往往很勇敢。但他們的勇氣出在於能與疾病共存，而不該是在於能夠談論疾病。每次有人跟我說我很勇敢，我總會覺得我是不是應該害怕。

想像你正打算到森林安靜地散步，忽然有人向你走來。

「你要去哪裡？」她問。

「我正要去森林。」你告訴她。

「哇！」她倒抽一口氣，退了一步。

「哇什麼？」

她的眼眶接著湧出淚水，一隻手放在你肩膀上說：「你好勇敢。」

「我有嗎？」

「意想不到的勇敢。真的，你鼓舞了大家。」

你聽了一定乾吞口水，臉色發白，永遠不敢再踏近森林一步。

甚至，到現在仍有一種惡毒的觀念徘徊不去，認為別人分享心理健康議題是為了「博取關注」。

就算是吧，他們尋求的關注可以拯救性命。

但就像C. S.．路易斯曾經說過：「再三設法隱藏內心的痛苦更會增加負擔，說出『我牙齒疼』比說出『我心碎了』容易多了。」

我們應該努力把這個世界變得比較容易說出內心的煩惱。說出來目的不單只是提高認知。過去這一世紀，各式各樣成功的諮商治療形式已顯示，談話有時具有治療效果，可以實際緩和症狀。經由把內在的痛苦化為具體，且認知到別人也和我們有一樣感受，同時療癒講述者和聆聽者。

永遠別停止說出來。

永遠別任由別人讓你覺得，假如患有心理健康疾患，一定是你本身內在有缺點或缺陷。

如果你有焦慮的情況，你一定知道那不是缺點。與焦慮共同生活，即使焦慮也要打起精神做事，這所需要的力量大多數人永遠不會知道。我們必須停止把症狀等同於患者本人。大家對於不同人感受到的不同壓力需要有更細膩的認識。假如肩上背著千萬斤看不見的重擔，光是走到店裡買東西都是力量的展現。

心理負擔量表

（pg = psychograms，心理公克）

想像一下，我們如果構想出一套制度，用來衡量每個人感受到的心理負擔，會不會有助於連結心理與生理？還可以幫助大家理解壓力存在的事實，而且有助於我們應付現代生活的壓力，不是嗎？配合我假裝一下也好，這個想像的單位就稱為一心理公克吧。例句：「不行，我沒辦法再收信了。我今天的心理公克已達上限。」

逛購物商場……1298pg
銀行打電話來……182pg
面試工作……458pg
收看新聞……222pg
收件匣滿滿未回覆的郵件……321pg
你的貼文沒人按讚……98pg

沒去健身房的罪惡感……50pg

忘了打電話關心家人的罪惡感……295pg

觀察你的外表多蒼老／過重／疲累……177pg

害怕錯過你在社群媒體上看到的一場聚會……62pg

發現你的貼文有錯字……82pg

Google 一個你擔心的身體症狀……672pg

要在公開場合演講……1328pg

看著某一張照片裡你永遠不會有的完美體態……488pg

網路上與人筆戰……632pg

一場尷尬的約會……317pg

刷信用卡付水電費帳單……815pg

發覺今天是星期一要上班……701pg

工作被機器人取代……2156pg

早知道早該去做的事……1293pg

註：心理負擔量波動很大。心理公克是主觀的計量單位。

13

現實的盡頭

「當一個人的自我形象與實際面貌相衝突，
一定非常痛苦，這時你有兩種做法，
你可以正視衝突，設法活出真正的你，
也可以退縮閃避，維護心中的自我形象，
而那只是一個幻想，你肯定會消失在其中。」

——詹姆斯・鮑德溫（James Baldwin），
《無人知曉我的名字》（*Nobody Knows My Name*）

無限的我

有時候想前進，必須先後退。你必須面對痛苦，最深沉的痛苦。而我最近覺得準備好了。

我需要倒退回去。

回到商場事件之前。

回到那個手術室般慘白的房間。

「我是誰？」我在西班牙一間診所裡問道，那是我第一次心理崩潰的最初始階段。

在我身心狀態良好且平靜的時候，這個問題當然一點也不可怕。我是誰？沒有我，也沒有你。也可以說，世上有千千萬萬個我，千千萬萬個你。「我」是英語裡最大的一個字。

每一個你之後都還有一個你，跟另一個你和又一個你，好比俄羅斯娃娃。這個是最根本的你嗎？是最根本的我嗎？又或者我們的身分其實不像俄羅斯娃娃，只是一個無盡的螺旋。人的身分是不是一個宇宙，永遠抵達不了盡頭，但也許能引領你回到初始的起點？

我在狀態相對好的時候，喜歡漫無目的地思索這種哲學問題。因為我認為至少有一個清晰的**我**在提問。但在我生病的時候，這些不再只是抽象，而是急切需要解答的謎團，我的生命彷彿就取決於一個答案。

我的生命確實就取決於一個答案。我的自我意識消失了，被排擠不見了，而我覺得**我**有可能被困在**無限的我**之中，默默飄浮在恐慌裡，無處可以降落。

現實vs.超市

恐慌症常常在超市發作。

我認識某個人，她這輩子恐慌症只發作過一次，就是在超市裡。

二○○○年初那幾年，我常在網路留言板上尋找對抗焦慮的訣竅，恐慌症都在超市發作的想法，比其他大部分想法更清楚冒出來。我現在就正看著一串留言，樓主問說：「為什麼恐慌症都在你逛超市的時候發作？」

恐慌是來幫助我們的。跟其他很多動物一樣，恐慌是心智和身體叫人要採取行動。戰鬥或逃跑。逃離掠食者或與掠食者戰鬥。但超市又不是一頭熊或一匹狼，也不是穴居戰士，你又不能跟超市對戰。你是可以逃離超市沒錯，但這樣只會在你下一次必須去超市的時候，提高恐慌發作的機率。而且可能還不只限於那一間超市。一旦你玩起躲避遊戲，所有超市很快都可能成為觸發誘因。接著是所有商店。然後是整個世界。

不曾與焦慮恐慌共存過一段時間的人，不太能體會所謂**真實的**你，是一種有可能消失的具體感受。大家把那當成理所當然。你不會一大早起床，一邊在吐司麵包上塗花生醬一邊想著：「幸好，我的自我意識還在，世界還是真實的，我又可以繼續過一天了。」自我意識就在那裡，直到忽然不在了。直到你站在超市裡早餐穀片的走道間，感到難以言喻的恐懼。

嘗試想解釋恐慌發作的感受時，容易說明的都是明顯的症狀：各種念頭開始奔馳、心悸、胸悶、呼吸困難、噁心想吐、腦袋裡或手腳隱隱刺痛的感覺。但我往往還有另一種更複雜的症狀。我後來才明白，那一直是我恐慌發作的重點核心。很顯然，那就叫作**現實解體**（derealization）。

在現實解體的感受下，我仍然**知道**我是我，我只是不**覺得**我是我了。那是一種解體的感覺，好比一座沙雕突然粉碎崩解。

而這種感覺有個矛盾的地方。因為會同時感受到極度強烈的自我，以及虛無。一種無從挽回的感覺，好像你突然遺失了一件你不知道要好好保管的東西，而那件你必須好好保管的東西就是你自己。

我認為超市之所以是這麼強的誘因，原因在於超市本身已經去現實化了。超市和購物中心一樣，是完全不自然的場所。現在網購當道，超市可能看似老派，簡直有點古色古香，但仍然比我們的生理機能現代太多。

燈光是非自然的照明。冰箱的嗡嗡噪音，聽起來像藝術流的恐怖電影會用的不祥配樂。琳瑯滿目的選擇超乎我們天生能夠因應的限度。擁擠人群和排列緊密的貨架造成過度刺激。何況還有那麼多本身就不自然的商品。我的意思不只是大多數商品含有化學添加物，雖然這的確也是一個原因。我是想說，這些東西都被改頭換面了。魚裝在罐頭裡，生菜裝在袋子裡，爆米花淋了糖封在盒子裡；炸雞腿裹麵包粉、加工肉品、維他命藥丸、先切好的罐裝蒜仁、一袋一袋的辣味甜薯片。這些都不自然。

身處不自然的環境，你的焦慮如果夠嚴重的話，你會覺得連自己也很不自然。你會覺得你好像脫離了你自己，好像一包捲筒衛生紙脫離了生長的那一棵樹一樣。對我而言，我在超市恐慌發作的時候，貨架上的商品全都多了一股邪惡。看起來像外星生物。某方面來說，那些東西確實從以前到現在都是外來生物，從原本歸屬的地方被帶來這裡。我能體會那種心情，我猜那也是恐慌的根源所在：我覺得**我**沒有歸屬。我發現在這麼不自然且超載的環境裡，不可能找到容身之地。我對自己唯一確定的只有恐懼。這時超市裡所有重複排列的商品只讓我更加嚴重。

「物品不該碰觸，因為它們不是活的。」沙特在《嘔吐》（*Nausea*）一書裡說，看來他那個星期過得不太如意：「但物件碰觸我，教人難以忍受。我很害怕與物品接觸，好似它們是活生生的野獸。」

超市的物品也不是平常的物品，那些是印了**品牌**的物品。物品存在於具體空間，品牌則求取我們的心埋空間，千方百計想進入我們腦中。很多企業都聘請行銷心理學家來實行這點。操控我們購買商品，玩弄我們的心智。

山頂洞人

想像一個山頂洞人被冰凍了五萬年。

我們叫她阿蘇好了。

凍住她的那塊冰，突然在你家附近的超市門口融化。

山頂洞人阿蘇走進超市。自動門在她身後神奇地關上。燈光和色彩和人群令她驚訝。購物推車看上去像頭古怪的金屬野獸，經人類馴化之後被一一推著走。擺滿塑膠包裝商品的閃亮貨架看得她目瞪口呆。自助結帳機令她百思不解。購物袋看起來像是怪異的白色皮囊。

「福袋區驚喜商品，」機械聲說著，「福袋區驚喜商品……福袋區驚喜商品……」

阿蘇開始恐慌。她奔向窗邊，猛力敲打玻璃。

她發出哭號：「嗚哇！嘎噢！呃啊啊啊！」更多噪音。

故事結局的大逆轉要來了。（咚隆咚咚）

阿蘇其實就是我們。（諷刺地倒抽一口氣）

阿蘇是我們每一個人。只是我們稍微比較習慣超市而已。我們的生理機能五萬年來不曾改變。

但社會變了，而且是大幅改變。而我們被期待要對這一切變化心懷感激。畢竟，阿蘇要是沒被冷凍起來，可能老早就在二十二歲那年被成群竄逃的野豬踐踏至死，或者芳齡十六就被當成儀式祭品犧牲了。因此我們很幸運。比起當一個新石器時代的死人，沒什麼比當一個活在二十一世紀的人類更幸運的了。

不過也因為這份運氣，我們有必要珍惜現在擁有的人生。如果可以感到幸運，又能感受到其他事情，例如平靜、快樂、健康，何樂而不為？為什麼不去了解世界對我們的影響呢？這項認知可是能幫助我們的。

現在，這種想法有助於我待在超市、在購物中心、在IKEA賣場、在電腦桌前、在擁擠的街道上、在空蕩的旅館房間。不論在那裡。了解我只是一個山頂洞人，活在一個太快來臨、超乎我們身心預期的世界裡，對我有很大的幫助。

模糊

　　兩天前，我的狀態不太穩定。我感覺到一種像陰天的苦悶。我去接女兒舞蹈班下課的路上，覺得整個人彷彿陷進人行道裡。我又開始強迫性地吞起口水，同時感覺到以前的廣場恐懼症又在兜售我不想要看的續集。

　　但現在的我比以前多了一點自覺。我會想到這陣子沒睡好，工作太投入，太煩惱這本書，還煩其他無數愚蠢的小事。因此，我停止掛念郵件，暫時放下這份文件，做點溫和的助眠瑜珈，健康飲食，盡量關機。我牽著狗到海邊漫步。

　　我開始意識到：**那些事一點也不要緊，別再這麼緊張兮兮**。我所擔心的事，沒有一件會從根本改變什麼。我還是一樣能牽狗散步。我還是一樣能來看海。我還是一樣能花時間陪伴我愛的人。於是，焦慮收兵撤退，像一名賊，在偵查探照燈之下躲回暗處。

14

渴望與匱乏

「說不定，我們發現自己什麼都想要，
是因為已經瀕臨什麼都不想要了。」

—— 希薇亞．普拉絲（Sylvia Plath）

許願池

在我寫這段文字的當下，到Google搜尋欄輸入「我要怎麼變成……」，前五名自動帶入的搜尋建議依序是：

—有錢人

—名人

—模特兒

—飛行員

—演員

超越

不快樂被推銷給我們，因為不快樂才有錢賺。

販售給我們的東西，很多都隱含同一個觀念，那就是**我們可以比現在更快樂，只要我們嘗試變成其他東西**。

想想時尚雜誌。露辛妲·錢伯斯（Lucinda Chambers）在英國版《Vogue》雜誌擔任時尚總監，任職二十五年。離職後不久，她就對自己離開的這個產業做出一番譴責。她表示，儘管時尚界一天到晚高談自信，但時尚雜誌很少真的讓誰感覺有自信的。「大多數都只讓人滿心焦慮，」她接受時尚刊物《Vestoj》專訪時說，這篇專訪很快在網路上瘋傳，「因為晚宴辦得不夠得體，沒用對的方式佈置餐桌，沒認識對的人。」除此之外，時尚雜誌聚焦於（對多數讀者而言）貴得買不起的服飾，只是讓大家覺得自己很窮，更加深不幸。

「時尚產業老是希望人購買不需要的東西。」錢伯斯說，「大家不需要再多一個包包，多一件襯衫或一雙鞋子了。所以我們連哄帶拐，慫恿大家繼續消費。」

時尚雜誌與網站，以及社群媒體，販賣的是一種超越。一個出口、一個逃跑之計。但這樣往往不健康，因為要讓大家想超越自己，首先你必須讓他們對自己不滿意。

沒錯，大家最後很可能會掏錢買一本減肥食譜書，希望擁有代言模特兒的體態，或者買下一瓶香水，希望自己的形象更接近名字印在香水瓶上的那位明星。但這一切所付出的並不只有金錢代價。大家在購買的當下可能會覺得心情變好，但以長遠來看，無非滋養了想成為別人的渴望：變成一個更光鮮亮麗、更迷人、更有名的人。我們被鼓勵拋下自我，渴望擁有不同人生，即使那樣的人生完全不真實。

說不定有個美麗偏方，所有雜誌都不願意告訴我們，你希望對自己的外表滿意，最好的方法就是接受自己既有的外表。我們生在修圖軟體、整容手術的年代，甚至很快就將邁入設計機器人的年代。現在或許正是最佳時機，接受我們人類種種千奇百怪的特徵，而不是費盡心思追求機器人般千篇一律的完美。

我們可能會想：噢，可是我必須長成某個樣子才吸引人。但我們也能這樣想：生做自己的樣子、單純當我自己，正好最能過濾掉不適合我的人。

你會對外表不滿意，其實無關乎你的外表。時尚模特兒患上飲食失調症，也不是因為她們很醜或很胖吧？當然不是。

全球各地有許多不同統計指出，飲食失調症的患者人數正在上升。非營利組織飲食失調希望會（Eating Disorder Hope）於二〇一七年公布調查，全世界飲食失調症增加的趨勢，與西化和工業化程度成正比。比如在亞洲，像日本、香港、新加坡等地，比例就遠高於菲律賓、馬來西亞或越南，雖然後面這幾個國家因為漸趨「進步」和「西化」，比例也正飛速上揚。

另一個顯著的例子是斐濟。當地研究發現，飲食失調症患者數在一九九〇年代中期開始上升，正值電視首度引進這座南太平洋島嶼的時期。《紐約時報》在一九九九年首度報導，當電視尚未透過風行全球的連續劇，如《飛越情海》（Melrose Place）和《飛越比佛利》（Beverly Hills, 90210），把窈窕纖細的榜樣帶到當地之前，飲食失調症原本在斐濟幾乎聞所未聞。事實上，「你最近胖了」在斐濟原本還是常見的恭維讚美，直到美國的電視節目把另一套身體審美理想帶給青少女和年輕女性。

在英國，國家醫療保健署數位部門二〇一八年公布的統計數字顯示，因飲食失調症住院的人數，不到十年內幾乎成長兩倍，最多為青少女和二十來歲的女性。英國最具指標性的飲食失調慈善基金會「Beat」，發言人凱洛琳・普萊斯（Caroline Price）於數據公布同時告訴《衛報》，飲食失調症雖然「成因複雜」，牽涉「眾多因素」，但現代文化須負責的成分很多。

「飲食失調症人數增加，部分起因於現代社會的種種考驗，」她說，「包括社群媒體和考試壓力。」雖然普萊斯等專家承認，問題不完全是這些事情造成的，但對原就易患上飲食失調症的個性來說，這些因素確實讓問題更形惡化。據英國飲食失調國家中心（NCED）研究，飲食失調成因包含基因遺傳、父母有飲食問題、譏笑肥胖、童年受暴或遭受忽視、童年創傷、家庭關係、朋友有飲食失調症，最後但同樣重要的，則是「文化」。而特別有問題的一種文化，就是永遠有新的減肥方法可供嘗試，NCED網站指出，「脆弱的人在電視上或雜誌裡看到失真的理想形象，會加以內化，明知不利仍不斷拿自己與那些形象比較。」

網站也補充說，「欣賞美麗的模特兒之餘，還能對自己說：『我永遠不可能長得像她，但我反正也不太在意』，這樣的人比較不會淪為飲食失調的受害者。」也許我們每一個人都能從中學到一課，把我們所見的形象與我們所是的自我分開來。我們需要為心靈建立一種免疫系統，能夠**吸收**周圍的世界而不被**感染**。

如何為了自己好，對自己好一點

1. 想想你愛過的人。想想你曾經擁有過最深度的關係。想想當你看到那些人時感受到的喜悅。想想那份喜悅是不是與他們的長相毫無關係，他們純粹長得像他們，而你只是很高興見到他們。做自己的朋友，肯定這張臉孔背後的那個人。

2. 改變你看自己照片的觀點。每一張你現在看了覺得「討厭，我看起來好老」的照片，有一天都會變成你回頭再看時覺得「哇，我當時好年輕」的照片。與其由年輕的自己去看，覺得自己老，不如試試由年老的自己來看，感覺自己年輕。

3. 喜愛不完美。突顯不完美。是不完美讓你不同於人工智慧和機器人。「倘若追尋完美，你將永不滿足。」—《安娜．卡列尼娜》（*Anna Karenina*）一書中，利沃夫的妻子娜塔莉這麼說。

4. 別設法成為某個已經存在的人。享受你的不同。

5. 有人不喜歡你也不用煩惱。不是每個人都會喜歡你。寧可做自己而招人討厭，也好過裝成別人而受人喜歡。人生不是一齣戲。不用排演你自己，當你自己就好。

6. 永遠別讓陌生人對你的負面看法演變成你對自己的負面看法。

7. 如果你自我感覺不良，請遠離 Instagram。

8. 記住從來沒有人在意你的長相。

9. 每天找時間到某個地方做點其他事，不是工作、不是責任，也不用上網的事情。跳舞、踢球。做墨西哥捲餅、放點音樂。玩《小精靈》街機。遛狗、學樂器。打電話給朋友。假裝成小孩子，去外面玩，去散步。感覺微風吹拂臉龐。或者躺在地板上，腳舉高靠著牆，純粹呼吸。

關於渴望的備註

想要一點什麼其實沒有關係——名氣、青春的外貌、一萬個讚、堅實腹肌、甜甜圈，但想要也是缺乏。「want」這個字有雙重意思。所以想要什麼，也必須小心對待，要好好看著別讓「想要」在我們心中鑽出太多洞，不然快樂會一點一滴流走，就像水流出破洞的水桶。我們想要什麼的一刻，也就是我們不滿足的一刻。想要的愈多，我們流失掉的自己也愈多。

如果你已經夠好，不就沒地方花錢了？

滿足對經濟不利。

我們不停被慫恿，對自己應該要有一點不滿。

我們太胖，或太瘦，或太鬆垮了。

我們的皮膚被預期要有剛剛好的「日曬光澤」，或剛剛好的「白皙透亮」。全球肌膚美白產業產值數十億美元，而且仍舊逐年成長，想來令人難過。

這只是特別令人困擾的一個例子，但「感覺不夠好」的觀念，正是世界各地的企業幾乎都想從中獲利的觀念。甚至有時候，行銷這整件事本身目的看起來好像就是要為了讓我們感覺自己很差。

舉個例子，聽聽《優點行銷學》（*Optimarketing*）的作者羅森塔爾（Robert Rosenthal）怎麼說。二〇一四年，他在《Fast Comapny》雜誌中寫到，想當個成功的行銷人，你必須從商品的好處發想，不能只想到商品的特色。聽起來夠無辜吧？

但他補充說，這些好處往往含有「心理成分」。「恐懼（Fear）、不安（Uncertainty）、疑惑（Doubt），合稱FUD，常被企業和組織拿來合法利用，讓消費者停下來、想一想，改變他們的行為。FUD的效力大到能夠一擊改變戰局。」

對行銷專家而言，成功才是重點。只要能達成目的，可以不擇方法。至於讓成千上萬的人陷入不必要的焦慮，對整體社會形成的後果，大家就別深究了吧。

就算某個廣告手法並沒有明顯訴求恐懼，對我們的心理一樣可能有負面效果。如果被推銷了穿這件褲子很酷的概念，我們無意識間也會感覺到壓力，好像有必要取得並維持那一種酷。更何況，我們常常花了大錢，買下想要的商品，反而有一種空虛沮喪的感覺，這種事太常發生了。對某件事物的渴望，很少能夠經由獲得而滿足。我們因此渴望更多，循環便一再重複。我們被鼓勵想要那些只會讓我們想要更多的東西。

簡言之，我們被鼓勵成為上癮者。

永遠不夠

永遠沒有哪一件事是足夠的。

我一直都對某些事物成癮。沉迷的對象會改變，但需要的感覺從來不變。

有陣子我沉迷於喝酒。我可以一杯兩杯三杯，不停地喝。那時候我還在辦公大樓上班，在倫敦克洛敦區陰暗的天空下，做著廣告行銷工作，我一心夢想著逃走。我每晚喝三瓶啤酒，接著一杯伏特加配可樂，雖然喝酒能緩和每晚的衝擊，但只是在我隔天早上醒來時，再度強化衝擊而已。

精神崩潰的幾年後，有一天我忽然發現戒酒很容易。抽菸也是，一切都是。我戒掉了所有刺激物，甚至包括咖啡、茶和可樂。我陷於一個恐慌與痛苦不斷的狀態，願意用任何方法把腦袋從心思上抽離，但這個時候我已經知道酒精是沒有用的。我也覺得藥物不會有用。這時我已經深信，這些物質雖然明顯對其他人有用，可是對我沒有用。我也相信我曾經一度有成癮傾向。現在依然有這樣的傾向，但我現在會尋找「好的」癮頭。比方說，我爸建議的慢跑。瑜珈、冥想。工作、成就感。

後來過了幾年，我覺得身心狀態相對好很多，便又重新開始喝酒。我不會每天喝，甚至不一定每星期都喝，但每當我真的喝酒，我一定喝得天昏地暗。差別在於，這次我看得出酒精如何影響我的心智。我看得出固定發生的循環。我首先覺得心情有點低落——不是恐慌症的低落，只是一般輕微的憂鬱，喝了酒之後心情會好轉。然後我會開始宿醉、有罪惡感，罪惡感又會徘徊不去，降低我的自尊心，從而產生更多分散心思的需求。喝酒的需求，八瓶啤酒再加一杯琴酒調酒的需求。但這樣很危險。你在嚴重宿醉的情況下，不可能當一個好丈夫、好爸爸或好作家，矛盾的是，那種失格和自我厭惡的感覺又會讓未來更容易宿醉。我發現，不論當下的渴望再強烈，事後的罪惡感都會更加強烈。這真的很難受。對於那些想用酒精汪洋淹過無盡絕望的人，我懷有無限的同情，尤其在這過程中，他們還會被其他人指指點點，那些人難道從未感受過渴望逃離自我的痛苦。

當一般人說到心理健康汙名化的現象正逐漸好轉，用在為憂鬱症或恐慌症所苦的人身上可能沒錯。但他們談的大概不包含酗酒，或自殘，或精神病，或邊緣性人格疾患，或飲食失調症，或強迫症，或藥物成癮。哪怕是我們之中最開明的人，這些事情也足以考驗他的心態是否真正開放。這就是心理疾患所遭遇的困境。不評判別人**生病**很容易，但有時候生病會導致人做出某些**行為**，要不因此評判別人可就難多了，因為大家看不見原因。

我記得那一次去聽艾美．懷恩豪斯（Amy Winehouse）的演唱會，她是如此獨一無二的稀世天才。我看到現場觀眾自己大多也喝醉了，卻大聲奚落嘲笑她醉醺醺地在歌曲之間含糊咕噥，絕望地掙扎著想振作起精神，我忍不住想哭。觀眾的反應讓我心底燃燒著一股憤怒和羞愧。說來荒唐，也很可笑，但我試圖用心電感應向她發出無聲的訊息：**不要緊，你會沒事的。他們只是沒辦法了解**。

現在一邊寫這篇文章，窗外陽光西斜，我也一邊幻想來一杯巴西的國民調酒卡琵莉亞（Caipirinha）。卡夏沙甘蔗酒（cachaça）、萊姆、砂糖，杯中天堂。我還記得當年在西班牙廣場樹蔭下，喝到這杯調酒的滋味。這一股渴望有部分也是渴望重回無憂無慮的二十一歲。但我知道真的喝下肚絕對是個壞主意。我得提醒自己為什麼想喝酒，喝了之後又可能有何後果。我也得記住，我不會只喝一杯就夠。我必須記住，上次午後開完一場體面的工作會議之後，單純想喝一杯酒的渴望，最後演變成皮夾也搞丟了，清晨六點得從維多利亞車站打電話回家。我必須記住後續的惡性循環，憂鬱症和焦慮症將猛烈復發，你最後會淪入一邊瞪著放襪子的抽屜一邊大哭的地步，光是看見烏雲或雜誌封面都能激起無限的絕望。一個傍晚的杯中天堂，比不過一個月的籠中地獄。

我想說的並不只針對酒精，重點是這整個成癮模式——用暫時的方法化解不滿足，繼而產生更多不滿足，這正是大部分消費文化仿效的對象。也是很多時候我們與科技產品關係的原型。過度使用科技產品的危險，如今比以往更形明朗。二〇一八年，蘋果執行長庫克開始談科技的過度使用。

「我認為過度使用是不好的。我不是一個會說『大家整天都在使用手機，我們才算成功了』的人。我對那種想法一點也不買單。」

問題是，不過度使用科技產品，有時候說來容易做來難。「不用懷疑，」神經科學家列維廷，在《大腦超載時代的思考學》一書中寫道：「查看電子郵件、臉書、推特也能構成神經成癮。」每次瀏覽社群媒體，「我們會發現新奇的事物，覺得與社會大眾（以一種經由電腦無涉個人的古怪方式）更緊密相連，並且獲得又一小團荷爾蒙犒賞」告訴我們，我們「做了點什麼」。但就和所有成癮症一樣，這份獲得犒賞的感覺並不實在。列維廷表示：「誘發這種愉悅感受的，是愚笨而渴望新奇、控制邊緣系統的那一部分大腦，不是位於前額葉皮質、會規劃安排、功能較高的思考中樞。」

如同生活在伊比薩島，或是生活奉行某個教派，如果每個人都有相同的問題，就很難看出我們的問題出在哪裡。如果每個人都一樣，花好幾個小時滑手機，瀏覽訊息和社群動態，那這就成了正常行為。如果每個人都一樣，太早起床，一天工作十二個小時，做自己討厭的事，那我有必要心存懷疑嗎？如果每個人都一樣煩惱外表，那我們也應該煩惱外表。如果每個人都一樣刷爆信用卡，買他們其實不需要的東西，這怎麼可能有問題呢。如果這整個地球都在發生某種集體崩潰，那不健康的行為不是正好相稱嗎。當正常變成瘋狂，找回理智的唯一辦法就是勇於和人不同。或者勇於當一個超越現代生活種種混亂身體和殘缺心理而存在的你。

如果跟著走不快樂，就勇敢逆向吧

現代高科技消費社會存在一個矛盾。社會看似鼓勵**個人主義**，但卻不鼓勵我們——實際上還禁止我們，發揮**個人思考**能力。社會阻止我們從各種轉移注意力的事物中抽身，就像嚴重的成癮者想重拾人生一定必須問自己：我在做什麼？如果這並不能讓我快樂，我為什麼還要一直做這件事？很奇怪的是，比起社會可接受的衝動，例如慣性減肥、推特、購物狂、工作狂，若你選擇的是一項社會不接受的衝動，例如海洛因成癮，反省自問反而還比較容易。如果狂熱發生於集體，病態已成為文化，那光想診斷都很困難，更遑論要治療了。

即使社會潮流把我們拖往某一個方向，只要這個方向讓我們持續不快樂，怎樣都要想辦法學會往另一個方向游。游向屬於我們自己的真實，可能被分散心思之物隱藏起來的真實。說不定憑著這點可以救我們一命。

你不只是消費者

別讓任何人或任何東西讓你覺得你還不夠。不要覺得你必須成就更多才會被人接納。滿足於做你自己，無須其他升級配備。別再夢想實現各種幻想的目標和終點線。接受行銷廣告不希望你接受的事：你很好了，你什麼都不缺。

15

關於工作

「多少年輕畢業生，在大企業謀得工作後，發誓認真賺錢，
三十五歲就能提早退休，追求真正的興趣？但到了那個年紀，
他們背著高額房貸，孩子要讀書，住郊區至少需要兩部車，
此外還多了一種觀念，覺得人生一定要有美酒相伴、
以及奢華的海外旅行。這時該怎麼辦，回頭挖掘興趣嗎？
不是，他們加倍努力，繼續埋頭苦幹。」

—— 哈拉瑞，《人類大歷史》

「我非常認真地說，
信仰工作的美德已對現代世界造成嚴重傷害，
幸福繁榮之道，在於有計畫地減少工作。」

—— 羅素（Bertrand Russell），《賦閒頌》

工作的危害

1. 我們已經脫離了古時候的工作方式。我們已經很少消費自己生產的東西。一般人往往得不到與他們能力相稱的工作。人工慢慢被機器取代。自助結帳機。生產線機器人。自動接線員。

2. 而且全球經濟並不公平。是有一些進步沒錯。根據世界銀行統計，極端貧困人口逐年減少。但其他不平等正在增加。二〇一七年樂施會（Oxfam）的調查指出，世界前八位億萬富翁擁有的財產，與構成全世界半數貧困人口的三十六億人財產總和相當。瑞士信貸集團（Credit Suisse）的研究則指出，歐美國家的中產階級正在縮小，同時極富和極貧人口不斷擴大。菁英社會如今已是難以信奉的神話。

3. 職場霸凌猖獗。很多工作環境本就推崇競爭，不只助長惡鬥，還容易演變成控制和霸凌。根據鳳凰城大學做的研究，美國75%的員工受職場霸凌影響，不是被霸凌的目標，就是目擊者。而且會被霸凌的目標不見得總是你想像的那些人。職場霸凌學會（Workplace Bullying Institute）指出，受霸凌的目標不一定是團隊裡較弱的成員，反而常常是比霸凌者更有能力、更專業的人，可能會對職場老鳥形成威脅。英國全國總工會（TUC）與日常性別歧視計畫（Everyday Sexism Project）合作的調查還發現，52%的女性表示曾在職場遭遇性騷擾。

4. 極端案例中，職場壓力可以致命。舉例來說，二〇〇八年至二〇〇九年間，以及後來在二〇一四年，法國電信公司「Orange」都傳出自殺潮。第一波有三十五名員工在幾個月內相繼自殺，電信公司總裁事後斥之為「跟風」，但《衛報》引用的一篇官方報導，把原因指向「管理者騷擾」的氣氛，「削弱了員工心理，攻擊員工的身心健康。」

5. 考績文化有害無益。比利時精神分析學教授保羅．維海格（Paul Verhaeghe）認為，現代社會建立的工作模式，由上至下有層層主管監督，每個人都被監看、評分，不停考核成績，對人有害無益。就連不在職場的人，也同樣苦於無止盡的測驗和監督。就像我們的學生也漸漸發現，這種種考試評分只讓我們對未來備感壓力，無法為現在感到安心。

6. 工作文化可能會減損人的自尊心。社會鼓勵我們相信，成功是認真工作的結果，要歸因於個人的努力。也難怪每當我們自覺失敗（這在強調成功的文化裡簡直是家常便飯，因為成功文化能夠發展興盛，就是靠不斷拉高幸福快樂的門檻），我們都認為是自己的問題。我們不被鼓勵看見來龍去脈。

7. 我們喜歡工作，工作給人目標。但工作也可能對身體健康不利。二〇一五年，芬蘭職業衛生研究院（Finnish Institute of Occupational Health）發表了同類研究中規模最大的一篇研究，調查超時工作與飲酒之間的關聯。他們彙整來自十四個不同國家、三十三萬三千多名員工的資料，最後發現我們的工時愈長，喝的酒也愈多。

8. 想挑戰當代文化對工作的執迷很困難。政治人物和企業領袖不斷提倡把辛勤工作視為美德的觀念。他們用一種淚汪汪的傷感語調，攙雜幾許諂媚，頌揚「認真工作的老實人」和「辛苦賺錢的家庭」。我們把一週工作五天視為常態，好像那原本就是自然定律。不工作的時候，我們往往被迫感到歉疚。我們和富蘭克林（Benjamin Franklin）一樣，對自己說「時間就是金錢」，忘了金錢也來自於運氣。很多長時間工作的人，身家財產遠遠少於某些一輩子從來不用工作的人。

9. 大家的工作時間愈來愈長，但這些額外的工時並不保證就有額外的生產力。瑞典進行過一次實驗，讓哥特堡的護理人員每日工時減為六小時，結果顯示比起工作八個小時，護理人員心情比較愉悅，精力也比較充沛。因此請病假天數較少，也較少抱怨背痛、脖子痛等身體不適，而且工作期間效率亦有所提升。

10. 我們的工作文化往往不太人性。我們必須評估自己的工作是否令自己生病或不快樂，如果是的話又可以怎麼應對。我們實際上給自己施加了多少壓力，只因為我們的工作方式一再令人覺得進度落後？我們拚了命地想跟上進度，不敢停下來想想什麼對我們才是好的。

工作不崩潰的方法

1. 盡量做你能樂在其中的事。如果你在工作中有樂趣，事情也會做得比較好。如果你樂在工作，就不會覺得是工作。試著把工作想成有成效的遊戲。
2. 別把目標放在**做完更多事**。把目標放在**減少要做的事**。當一個工作上的極簡主義者。極簡主義的宗旨是做得少、效果卻好。工作有太多時候反而是做更多，效果更差。有在動不見得總是代表有成果。
3. 設立界線。每星期留幾天，每天留一些時間，不碰工作、不收電子郵件，不為外務煩心。
4. 不要擔心截止期限。這本書寫完早就超過截稿日了，但你還是讀到它了。
5. 要知道你的收件匣永遠不會淨空，接受這點吧。
6. 可能的話，盡量用能讓世界變好一點點的方式工作。世界會塑造我們，讓世界變好，我們也會變好。

7. 善待自己。如果目前工作的負面影響大過薪水的正面效益，那就別做了。如果有人濫用權力霸凌你或騷擾你，不要忍氣吞聲。如果你痛恨你的工作，趁午休吃飯走人就能一走了之的話，那就趁午休吃飯一走了之吧。別再回去了。

8. 別高估你工作的價值。羅素說了：「一個人瀕臨精神崩潰的一大症狀，就是相信自己的工作重要得無人可比。」

9. 別做別人期待你做的工作，做你想做的工作。你只有這一輩子。照你自己的意思過活永遠是最好的。

10. 別當完美主義者。人類生來不完美，人類的工作也不完美。別那麼像機器人，當人就好，多一點不完美。有錯誤才有演化。

16

勾勒未來

進步

誰要是說科技進步是件壞事，一定會被當成瘋狂的反動派或保守派。

幾乎沒有人願意拿現有的科技交換，回去過一百年前的生活。誰甘願放棄一個有汽車、衛星導航、智慧型手機、筆記型電腦、洗衣機、Skype、社群媒體、電玩遊戲、Spotify、X光、人工心臟、提款機和網路購物的世界呢？肯定不是我。

寫這本書的時候，我檢視我唯一真正了解的心理——我自己的心理，希望從中看出人類活在現在的世界所要付出的代價。我前面寫到，**做為一個人**，我們身在一個日益瘋狂的世界裡，可以如何保持理智。我曾經患有心理疾病的事實，雖然在現實中是惡夢一場，但也教我認識到現代世界的各種誘因和折磨。

不過我真正苦惱的是，我們**做為一個社會**可以做些什麼。我們無法讓時鐘倒轉，無法一夕之間回到沒有科技的狀態，而且也不願如此。即然這樣，我們——集體的我們，該怎麼替自己打造一個更好的世界？

回答這個問題的其中一位最佳人選，是耶路撒冷希伯來大學的歷史學教授哈拉瑞，他在《人類大歷史》中質問人類為何是人類、科技又如何不只是重塑人類世界，還重新定義人性本身。他寫下未來世界惡夢般的場景，人類被自己所創造的機器超越，並冷冷地總結道：「我們至今所知的智人，將在一百年內消失。」

讀完哈拉瑞的著作，我不禁納悶，人類為什麼要任性地開創一個會慢慢讓自己無用的未來呢？這讓我想到另一本年輕時曾啟發我的書——哲學家約翰・格雷（John Gray）的《稻草狗》（*Straw Dogs*），書中殘酷地探索一個概念，即人類社會進步是一則危險的神話。畢竟，就我們目前所知，人類是唯一迷戀進步觀念的動物。就算真的有烏龜歷史學家，讚揚前一代烏龜開創了一個更開明的烏龜社會，我們到現在還沒聽過。

我在為《觀察家報》撰寫的一篇文章中問哈拉瑞，我們是否應該設法抵抗「未來科技註定先進」的觀念。是否應該設法創造一個不同面貌的未來學說？

「你不可能突然**中止**科技進步，」他說，「就算一個國家停止研究人工智慧，其他國家還是會繼續研究。真正的問題在於該怎麼運用這些科技？完全相同的科技，可以運用在截然不同的社會與政治目的。」

網路當然是目前顯見最恰當的例子。但想想網路以前還被稱為「全球網際網路」，這也是事物創始於烏托邦理想，很快卻淪為反烏托邦的真實案例。

「你看看二十世紀，」哈拉瑞繼續說，「你會看到同樣是電力和鐵路科技，可以用來打造共產主義獨裁政權，也可以開創自由民主。人工智慧和生物工程也是一樣。所以我認為，大家不該把焦點放在怎麼樣阻止科技進步，因為那是不可能的。反而應該要問，新科技將運用在何種用途。我們在這方面還有很大的力量可以影響未來走向。」

因此就跟很多事情一樣，解決問題的方法看來首先在於**發覺**問題存在。換句話說，要如何讓我們的心智更健康快樂，與如何讓我們的地球更健康快樂，答案實質上是一樣的。哈拉瑞說相同的科技，用途可以截然不同，這不只適用於個人微觀的層面，當然也適用於社會宏觀的層面。留意我們使用科技的方式如何影響自己，間接也是在留意科技如何影響地球。不只地球塑造我們。我們選擇怎樣過生活也正塑造著地球。

假如有時候，我們——與我們的社會，走往不健康的方向，我們必須當機立斷，做出最勇敢也最困難的一件事。我們必須**改變**。

改變可以有很多不同型態。可以是使用科技來輔助我們的心智，如安裝應用程式來限制我們使用社群媒體的時間，也可以是調暗燈光，或是多多出外散步，或是在網路上對別人多點著想，或是選擇一輛比較不會汙染空氣的車。到頭來善待我們自己，跟善待地球是**同一件事**。

「進步，」C. S.・路易斯寫道，「代表更接近你想去的地方。但若你在途中轉錯了一個彎，這時再繼續向前走，也不會更靠近一步。」

我覺得用這種方式來看待此事再好不過了。不論在個人或社會層級，前進的動力並不保證會推我們往前。我們偶爾會把人生推往錯誤方向。社會偶爾也會把自己推往錯誤方向。如果我們覺得現況令人不快樂，這時進步也可能是要轉身掉頭，走回正確的道路。但無論個人也好社會也好，我們永遠不該覺得未來註定只有一種版本。

未來的樣子取決於我們。

空間

說到決定未來的樣貌，空間是關鍵。我們必須擁有可以做自己的自由空間。包含實質的空間，與心理的空間。

我們的鄉鎮和城市漸漸希望我們當個消費者，而不是當個人。因此，更有必要珍惜那些苟延殘喘、與經濟活動無關的**生活**尚且還被容許的空間。森林、公園、國家資助的博物館、美術館、圖書館。

就拿圖書館來說，這個美好的場所目前正遭遇危機。很多當權者不屑一顧，認為網路年代就用不到圖書館了，實在搞不清楚重點。很多圖書館正以嶄新方式利用網路，不只可以借書也能上網。何況，圖書館的意義不只在於書，還是僅存少數不會喜歡我們的皮夾勝過我們的公共空間。

其他很多空間也正在遭受威脅。

非實質空間、空暇的空間、數位空間。有些線上公司愈來愈想侵入我們的自我認知，不再把我們視為人類，比較像一個有機體，充滿可待挖掘或兜售的資料。

一天當中、一星期當中，以工作或其他責任為名，有愈來愈多空間不斷被吞噬。

甚至連心理空間也飽受威脅。自由思考的空間，或者至少能平靜思考的空間，似乎愈來愈難找到。這或許能說明不只焦慮症大幅增加，相抗衡的習慣如瑜珈和冥想也隨之興起。

大家迫切需要的不只是實質空間，還有心理自由的空間。這個世界已如此紛亂狂熱，不想要的煩人雜念像彈出式廣告一樣充塞在腦袋裡，我們需要一個能躲避這一切的空間。這個空間還在心中等待發現。只是我們不能光**依賴**它，我們必須有意識地把它找出來。我們可能得每天安排一點時間看書，或做瑜珈，或慢慢泡澡，或好好煮一頓飯，或出外散步。我們可能得關掉手機，關上電腦。我們可能得拔掉身上插頭，找出去除後製修飾、原聲版本的自己。

虛構即自由

書可以是找回一點空間的方法。故事，虛構小說。

十一歲那年，我沒有半個朋友，在學校格格不入。那時我讀到蘇珊・辛登（S. E. Hinton）的《小教父》（*The Outsider*）和《鬥魚》（*Rumble Fish*），忽然又有了朋友。她的書就是我的朋友。書中人物就是我的朋友。我也交到了真實的朋友，因為這些書中人物幫助我走出去。就像後來在其他時候，小熊維尼、史考特・芬奇[6]、皮普[7]、《日安憂鬱》的瑟西爾，都曾經是我的朋友。他們生活於其中的故事，我也可以躲在裡頭，覺得安心。

在一個不時過度超載、我們的心理空間漸漸流失的世界裡，小說虛構的世界是必要的。沒錯，小說可以是逃離現實的手段，但並不會悖離真實。正好相反。我在「現實」世界中常常難以融入。那麼多必須遵守的準則，那麼多不得不說的謊言，那麼多硬擠出來的笑聲。小說不像逃離真實，反而使人獲得釋放，進入真實。即使那是一個

譯註 6
哈波・李小說《梅崗城故事》（To Kill a Mockingbird）中的少年主角。

譯註 7
狄更斯小說《遠大前程》（Great Expectation）中的少年主角。

充滿怪物或熊會說話的真實，裡面總還是存在某種真相。那個真相可以讓你保持理智，至少讓你保有自己。

在我眼裡，閱讀從來不一件反社會的活動，反而與社會深切相關，是最深刻的一種社會行為。是與另一個人類的想像力深度連結。是除去社會日常要求的眾多隔離網而與人交流的一種方法。

因此，閱讀常常因其社會價值，而被看作是重要的事。與教育和經濟等等價值綁在一起。但這曲解了閱讀這整件事的意義。

閱讀很重要，不是因為有助於找工作，而是因為閱讀賦予你一個空間，讓你能夠生存在給定的現實之外。人類因而得以融合同化，心靈因而得以連結交流。夢想，同情，理解，脫逃。

閱讀是愛化為行動。

不一定是書。但我們確實需要找到那個空間。

我們經常被鼓勵要渴望最極端、最刺激的經驗。聽從一股興奮衝動行事，「Just Do It!」，像 Nike 老是習慣對我們大吼的那樣，像一個自主練習的教練。好像只有贏得金牌、攀登聖母峰、登上 Glastonbury 音樂祭舞臺，或在尼加拉瓜大瀑布上空跳傘，那樣的極限體驗，才能找到人生真義。我以前也有相同感受。我曾經也想在最強烈的經驗中忘記自我，彷彿人生不過是一杯龍舌蘭酒，可以仰頭一飲而盡。但人生大多數時候沒辦法這樣子活。想要有機會感受恆久的快樂，你必須先靜下來。你除了要「just do it」，盡情去做，也要「just be it」，隨其自然。

我們用活動填滿生活，因為我們西方人常常以為幸福和滿足要經由爭取來實現，要「把握」光陰，要走出去「抓住」人生的犄角。有時候，與其把人生想成要抓住或伸手拿取的東西，改成我們已經擁有的事物，我們說不定會過得更好。清空心中凌亂的雜念，我們想必更能享受生活。

一行禪師在《生命真正的力量》（*The Art of Power*）一書中寫道，「很多人以為興奮就是快樂」，但事實上，「興奮之時，你並不平靜。真正的快樂奠基於平靜。」

我並不想要一個內心完全中立平靜的生活。我想偶爾經驗一些狂野的熱烈和激動。那也是我的一部分。但我現在比以前更加渴望那股平靜和接納。

要能對自己感到自在，要能認識自己，需要創造一些內在空間，好讓你能發現自己，避開那個常常鼓勵你遺忘自己的世界。

我們需要在時間中為自己開墾出一方空間，不論是透過讀書、冥想或欣賞窗外風景。一個身在其中不必渴求、不用盼望、無須工作、煩惱、想太多的空間。一個我們甚至可能無所期待的空間。一個我們恢復空白設定的空間。身在其中，我們可以只是呼吸、只是存在，只是沐浴在活著這股單純動物性的滿足裡，什麼也不求，除了我們早已擁有的生命本身。

目標

感受每個時刻，忽略明天，忘卻所有因時間觀念造成的煩惱、遺憾和恐懼。四處走走，什麼也不想，只想著走路。躺在床上，還沒睡，不擔心是不是睡得著，只是在那裡，在平躺著的甜美幸福裡，不為過去和未來的憂愁慌亂。

17

代表你的歌

梧桐樹

寫這本書的那陣子，媽媽必須動一場大手術。開心手術，切除受損的主動脈瓣，換成新的。手術很順利，她也慢慢康復，但術後住在加護病房那一星期，病情時好時壞，醫生護士需要隨時盯著她低得令人擔心的血氧量。

安德莉亞和我北上，住進醫院附近一家旅館。我和爸爸坐在病床邊，看著媽媽睡睡醒醒。我用湯匙一口口餵她吃住院餐，提來一袋袋從商店買來的現打果汁，偶爾也給我爸買份報紙。對媽媽病情的擔心，袪除了我其他所有念頭。我覺得無比歉疚，之前她跟我說初診的情況，我幾乎沒在聽。

現在，我既不在乎任何還沒回覆的緊急郵件，也沒有任何心思瀏覽社群媒體。就連世界新聞也像是格格不入的背景，因為你坐在加護病房內，聽見嗚咽悲鳴從醫院那薄薄一層隔簾背後傳來，隔壁病床的病患已撒手人寰。

加護病房有時候是很荒蕪的地方，但那些住滿徘徊於生死邊緣之人的無菌室，也可以蘊含希望。護士和醫生則帶來鼓舞。

我想，這實在很可惜，我們總是要等發生重大事件，或所愛之人遭遇重大事件，我們才會醒悟過來。如果我們可以一直抱有這份醒悟呢。如果我們在平安健康的日子裡，也總能把輕重緩急安排妥當。如果我們平時對待所愛之人的態度，就與他們遭遇危急時沒有分別。如果我們能永遠把這份愛，那始終存在的愛，掛在心頭嘴邊。如果我們能對生命本身保有仁慈和溫柔感激。

我現在正在努力，每當生活被太多無謂又充滿壓力的垃圾填滿，我會想起那間病房。在那裡，單是能看看窗外風景，看見幾許陽光和幾棵梧桐樹，病人已經滿心感激。

在那裡，生命本身就是一切。

愛

只有愛能拯救我們。

負心理負擔量表

想像一下，跟心理負擔同樣道理，有一些事能讓你心情輕鬆許多。我們可以稱之為負心理公克，或 -pg。

太陽出乎意料從雲層後露臉……57 -pg
醫生表示一切正常……320 -pg
到沒 wi-fi 的地方渡假（恐慌初次發作之後）……638 -pg
遛狗……125 -pg
一堂瑜珈課……487 -pg
沉浸於一本好書……732 -pg
舟車勞頓之後終於回到家……398 -pg
被大自然環抱……1291 -pg
跳舞……1350 -pg

親友手術後康復……………………………………………3982 -pg

諸如此類。

斯里蘭卡

我受邀拜訪美麗的堡壘城市加爾（Galle），出席一場文學季活動，以心理健康為題發表演講。這座城市位於斯里蘭卡的西南海岸。這場活動相當特別，因為在斯里蘭卡談論心理疾病，仍然可能觸犯禁忌。正因為平常無法公開講述，在這樣的環境聽到一則又一則關於焦慮症、憂鬱症、強迫症、自殺傾向、躁鬱症、思覺失調症的故事，格外令人動容。就好像你能實際感覺到汙名當場煙消雲散。

但讓我記憶猶新的不是活動，而是活動隔天。我在希卡杜娃（Hikkaduwa）海灘，在成群的當地人和背包客旁邊，親手餵巨大的海龜吃海藻。安德莉亞和孩子們也在我身邊。換作在我二十幾歲有廣場恐懼症的時候，絕對不會相信我也能擁有這樣的時刻。二十幾歲時，我把每個我所愛的人都從身邊推開，深信我活不到三十歲。現在我四十歲了，我身在南半球，與我所愛的人站在這一片如畫的海灘上，近距離接觸這些古老碩大的爬蟲動物。長壽如海龜，看起來這麼的沉靜而睿智。我不禁猜想牠擁有什麼樣的神祕智慧。甚至希望人類有辦法向海龜發問。

所以，每當憂鬱症向我揮出拳頭，我會閉上眼睛，進入由美好時光築成的堤防內，想想陽光、笑聲和海龜。我也會設法記住，不可能的事有時也能化為可能。

兩棲動物看生活

「你好，海龜。」

「噢，哈囉，你好呀。」

「對生活有什麼好建議嗎？」

「為什麼要問我？」

「因為你是海龜。」

「所以呢？」

「海龜生存了很久很久。你們已經在這世上一億五千七百萬年了。比人類出現在地球上的時間長了七萬倍。你們一定知道些什麼吧。」

「生存時間長短，不一定代表知識的廣度吧，你把兩者混為一談了。」

「只有人類把世界搞得一團亂，海龜看起來沒有。」

「我知道，因為你們的關係，我們都瀕臨滅絕了。」

「對不起。」

「我雖然說複數的你們，但沒錯，你們也包括你。」

「我知道。我是人，過錯我也要承擔。」

「沒錯，你是得承擔。」

「是。」

「話說回來，你真想知道的話，我給的建議就是停下來。」

「停下**什麼**？」

「就是那個啊，不知道追著什麼跑個不停。人類看起來老是急著逃離他們原本身處的地方。為什麼？是空氣不夠，不足以維持你們過活嗎？說不定你們需要多花一點時間來海裡看看。所以我說：停下來吧。不要只是當時間的主人，**你就是時間**。不論走快走慢，要知道你的自我永遠跟隨著你。既然都徜徉於存在的汪洋裡了，何妨快樂一點。」

「也是。」

「你看我的頭，就那麼一丁點兒。我的大腦對身體質量比，說出來可難為情了。但你看，我不也活得好好的嗎。只要你細心對待生活，你就可以專心，可以成為你應當成為的樣子，可以擁有兩棲類的生活態度。你會與整個地球的脈動合而為一。時而在水中，時而在陸地。你可以順著風，也可以順著水。你可以與你自己和諧同步。你知道，當隻海龜其實滿快活的。」

「看得出來。謝啦，海龜。」

「話說完了，可以再多給我幾球海藻嗎？」

反轉迴路

焦慮感會自我循環。當焦慮以生病的型態的出現時，會形成一種絕望的迴路。跳脫迴路的唯一辦法，就是停止後設煩惱，停止為煩惱感到煩惱，但這幾乎不可能。有時候，訣竅在於找出一種反轉迴路。我的方法是，接受自己正處於接受不了的狀態。接受不自在的感覺。接受我沒有主導權。

有一句話很老套，不過是事實：你不先接受原來身處的地方，也到不了你想去的地方。外在世界想盡辦法要我們不接受自己，希望變得比現在的自己更有錢、更漂亮、更瘦、更快樂。想要更多。在我們生病之後更是如此，然而這時我們最需要的就是接受自己，接受痛苦的時刻，才能夠釋放痛苦，讓痛苦緩緩回到它原本來自的世界裡去。

天空始終是天空

就在剛剛，我望向窗外，感覺心情平靜許多。今晚月光朦朧，掩映在深藍雲朵後方，姿態迷人。天空千姿百態，沒有相機拍得出來。

這讓我回想起一件事。大約十年前，我有很長一段時間憂鬱症頻繁復發，是自從我二十幾歲首度崩潰以來，憂鬱症最嚴重的時期，我僅有的慰藉之一，就是凝望天空。我們當時住在約克郡，沒有那麼多光害，所以天空遼闊澄澈。我會趁出門倒垃圾的時候，單純望著夜空，感覺自己和痛苦都慢慢縮小。我會在外面站一陣子，呼吸冰涼的空氣，望著星星、行星和星座。我會深深吸氣，彷彿可以就此把宇宙吸進胸口。有時候，我會把手放在丹田，感覺我短促緊張的呼吸漸漸緩和下來。

我常常在想，到現在還是會想，為什麼天空的效果如此神奇，特別是夜晚的天空。以前我覺得可能和規模有關。當你抬頭望向宇宙，忍不住會感到渺小。你感覺到自己不只在空間裡微小，在時間裡也很微小。當然了，因為當你凝望太空，同時也正凝望著古代歷史。你所望見的是星星**從前**的樣子，而不是**現在**的樣子。光行進需要時間。不是產生瞬間就能看見。光速每秒十八萬六千英里，聽起來很快，但也代表光從距離地球最近（除了太陽以外）的星星抵達這裡，需要四年以上時間。

但有些肉眼可見的星星更遠在一萬五千光年之外。也就是說，抵達你眼裡的星光，在冰河時期結束時就已展開旅程。不同於大眾盛傳的觀念，我們肉眼可見的星星半數以上都尚未死滅。星星與我們不同，可以存在非常久。但這無損夜空的療癒效果，反而更添其壯麗。我們在宇宙中美麗但微小短暫的角色，正是銀河裡最罕見的物事：一個活生生、會呼吸、有意識的生命體。

仰望天空，所有二十一世紀的煩惱在浩瀚的宇宙中都有安放之處。天空大過於電子郵件、交稿期限、房屋貸款、網路酸民。大於我們的心靈和心靈的疾患，大於我們的姓名、國籍、日期和時鐘顯示的時間。所有牽掛與天空相比，都顯得轉瞬即逝。終我們一生，終人類歷史的每一頁篇章，天空始終都會是天空。

何況，當我們仰望天空，其實也正看著自己誕生的源頭。物理學家薩根在《宇宙．宇宙》（*Cosmos*）這本傑作中寫道：「我們基因裡的氮、牙齒裡的鈣、血液裡的鐵、蘋果派裡的碳，全都是在塌縮星的內部形成的。星塵構成了我們。」

天空和海洋一樣，可以容我們停泊。天空說：嘿，沒事的。有個東西比你的一生還要廣大，你也身屬其中，那不是別的，正是天地宇宙。那是最美好的事物。你需要想像自己是一棵樹或一隻鳥，不時感受自己也是自然偉大秩序的一部分。你很神奇。你既是虛無也是萬有。你是剎那也是永恆。你是運行中的天地萬物。

你做得很好了。

大自然

天空可以舒緩我們的情緒。

二〇一八年，倫敦國王學院做的一項研究調查發現，仰望天空對人的心理健康有益。而且不只是天空。看見樹木、聽見鳥鳴、置身戶外，感覺接觸到大自然都有幫助。調查參與者走出家門，在不同地點記錄他們的心理狀態。有趣的是，研究把每個人產生不良心理狀態的機率也列入變因，事先測驗每位參與者，評估每個人的衝動行為。這項引人注意的研究，名為「都市心靈：以智慧型手機科技即時調查大自然對心理健康的影響」，結果發現，置身自然環境不只對所有人都有益，對於較易形成心理健康問題的人，如成癮症、注意力不足過動症、反社會人格疾患、躁鬱症，特別有好處。

「短暫接觸大自然，對於心理健康有可觀的良性影響。」協助主持研究的米契利博士（Dr Andrea Mechelli）總結道。

生態治療或所謂的「綠色關懷」計畫正在興起。許多心理健康療程都開始包含城市農場和社區花園，以降低壓力、焦慮和憂鬱。當然，這在很多方面都體現了古老的忠告：「多呼吸新鮮空氣。」一八五九年，南丁格爾在她的《護理筆記》（*Notes on Nursing*）寫下，「關在緊閉的房門後，對他們（患者）傷害最大的是黑暗的房間」，她建議「他們需要的不只是光照，而是直接曬到陽光」。現在，證據總算趕上了她的先見之明。

問題是，如今全世界人口半數以上居住在大城市。一九五〇年，全世界還有三分之二以上人口居住在鄉村。但現在，全球各地多數人都住在都市。而且，大家待在室內的時間愈來愈長，很顯然我們漫步在森林間、置身天空之下的時間並不充裕。

該是時候意識到大自然的綠意可以幫助我們了。對孩子的生活也有益處。多呼吸新鮮空氣，多直接曬曬陽光，幸運的話，也許偶爾可以漫步田野，在林間散步。此外，我們或許也可以貢獻心力，讓我們居住的都市公共空間多一點綠意、多一分舒適，讓每個人都能受惠於大自然，而不僅限於幸運的少數人。

內在的世界

沒錯，大自然之美具有療效。但一九九九年，在西班牙伊比薩島，我居住的村莊窩在小島東方一個安靜的角落，我站在村子附近的一座懸崖上，忍不住想跳下去。

我真的沒有辦法——或者說我看不見有什麼辦法，應付當下經歷的痛苦和迷惘，我只希望沒有人關心在乎我，這樣我就可以乾脆地消失，把影響減到最小。

我有時候會想起那個懸崖邊緣，想起崖上摩擦著褲腳的矮草，想起我從崖邊望過去閃閃發光的海面，以及向外延展的石灰岩海岸線。當時，這些景物沒有一個能安慰我。大自然對我們有益，但在危機當下，沒有任何景物幫得上忙。在無形的痛苦膨脹至極的那一刻，全世界沒有任何風景能讓我的心情好轉。二十年後，那片風景想必沒有太多改變。但我現在已經可以站在那裡，感受風景之美，感覺自己與當年那個嚇壞了的年輕人已經如此不同了。

世界會影響我們，但世界並不完全是**我們**。我們內在有一個空間，獨立於我們所見的風景與所處的環境之外。這表示我們在美麗祥和的環境中，還是能感到痛苦。但反過來說，我們在一個充滿恐懼的世界裡，還是能感受到平靜。我們可以在內心培養一種祥和，會生長，會變化，也會支持我們度過困境。

談到閱讀，有一句老話說：世上有多少讀者，就有多少本書。意思是每名讀者對於一本書都有各自的看法。五個人坐下來讀同一本書，比方說娥蘇拉．勒瑰恩（Ursula K. Le Guin）的《黑暗的左手》（*The Left Hand of Darkness*），五個人就算有完全不同的五種反應也很合理。重點其實並不在於你讀了什麼，而是你怎麼讀它。作者可以開啟一段故事，但要有讀者讓故事活過來，而這個故事從來不會以相同方式活第二遍。故事從來不只是文字，也是閱讀，怎麼讀就產生無窮的變化，這也是魔法生成的地方。作者能做的只是提供一根火柴，盼望那是一根乾燥的火柴。讀者必須自己劃下火柴點燃火光。

世界也是這樣。多少人活著，就有多少個世界。世界在你心中。你所經驗的世界，不是這個無法改變、名為「世界」的客觀物體。不是的。你所經驗的世界，是你與世界的互動、你對世界的解讀。某種程度上，我們都在創造自己的世界。我們用自己的方式閱讀世界。但除此之外，我們多少也能夠選擇要閱讀什麼。我們必須搞清楚，世界哪些方面使我們感到悲傷或恐懼、困惑或不適、平靜或快樂。

我們必須在數十億個人類世界裡，找出我們想活在其中的一個。不去想像，那個世界便永遠不會到來。

同樣地，我們也必須明白，不論世界如何影響我們的感受，但世界並不等於我們的感受。我們可以在充滿痛苦的醫院感到平靜，也可以在西班牙一座美麗的山頂感到痛苦。

我們可以自相矛盾。我們可以牴觸世界。有時候甚至能實現不可能。我們可以在死亡看似無可避免之下活著。我們也可以在明知已無希望之時心存希望。

無後製

人生有時候感覺像一首後製過度的歌，上百件樂器同時演奏，發出嗡嗡雜音。有時候，一首歌除去後製，回歸一把吉他加人聲，反而比較好聽。有時候，歌曲裡太多聲響了，幾乎聽不見到底在唱什麼。

而我們也像那首塞得太滿的歌，有時候覺得迷失。

即使多了那些我們設計發明的應用程式、智慧手機、社群媒體或核子武器，我們應該記住，我們本來的自我千萬年來仍未曾改變。我們應該記住那首歌就是人類。在感覺受困於水底的時候，想想空氣。在充斥著行銷廣告、獨家新聞、網路上每天幾百萬則震驚消息的年代，尋求一點平靜。不要害怕感到害怕。好好當人類這個奇妙、真實、美麗、脆弱、有缺陷、不完美的動物，擁有會老化的美好自我，困於時空之中，卻又能獲得自由，因為我們有能力隨時停下來，尋找某樣東西，可能是一首歌、一道陽光、一段對話、一張可愛的塗鴉，並因此感覺到活著這如夢似幻的單純美好。

18

現在的你已經足夠

「這個世界只有一個角落，
你絕對可以改善，
那就是你自己。」

—— 赫胥黎（Aldous Huxley）

幾乎永恆的事物

山崖。蕨類。陪伴。天空。與眾不同的人。日出日落的愁緒。永恆的愛。令人暈眩的欲望。放棄的計畫。懊悔。無雲的夜空。滿月。晨起的吻。新鮮水果。汪洋。大海。潮汐。河流。靜止如鏡的湖泊。友愛的面容。喜劇。笑聲。故事。神話。歌曲。飢餓。愉悅。性愛。死亡。信仰。火焰。省察自我時深沉寧靜的美好。黑暗中更顯明亮的光。眼神交會。舞蹈。沒有意義的對話。充滿意義的靜默。睡眠。夢境。夢魘。陰影形成的怪物。海龜。鋸鰩。濡濕的鮮綠青草。黃昏的紫色雲朵。拍岸的浪濤緩緩侵蝕岩石。海浪打溼的沙灘閃爍幽暗光澤。解除口渴後嘆出滿足的一口氣。意識到自己活著的那可怕又迷人的一刻。構成永恆的每一個現在。希望的可能性。家的承諾。

受不了的時候，我會對自己說

1. 沒事的。
2. 就算真的有事，如果是你不能掌控的事，別想盡辦法掌控它。
3. 你覺得被誤解，其實每個人都被誤解。不用煩惱別人不了解你，把目標放在了解自己。除此之外，其他的都不重要。
4. 接受自己。你如果對自己不滿意，至少接受你此時此刻的樣子。你如果不認識自己，也改變不了自己。
5. 不要裝酷。永遠不要想裝酷。永遠不要擔心那些裝酷的人怎麼想。去找那些溫暖的人。溫暖才是生命。等你死了，你就會又酷（冰涼）又硬了。
6. 找一本好書，坐下來慢慢讀。人生中有些時候，你會覺得失落徬徨。閱讀可以幫助你回到自己。讀得愈多，愈會明白如何在那些艱難的時刻，找到你該走的路。

7. 不要侷限自己。不要被你的名字、性別、國籍、性傾向，或臉書大頭貼給蒙蔽。別成為這些可被收集的資料。「不自為大，」中國哲學家老子說：「故能成其大。」[8]不固執於某個身分，方可能成為我想成為的人。

8. 慢下來。也是老子所言：「道常無為而無不為。」[9]自然並不匆忙，依然成就了萬物。

9. 享受網路。不覺得是享受的時候，就別用了。（還真沒有哪一件事說來這麼簡單，做起來卻這麼難的。）

10. 記住，很多人跟你有相同感受。你甚至能上網找到他們。這是社群媒體年代最療癒的一面。你能為痛苦找到共鳴。你能找到可以理解你的人。

11. 星際大戰裡的尤達大師說過類似的話，你不可能「嘗試」自然地存在。因為「嘗試」和「自然」正好相反。

12. 使你獨一無二的是缺點，是不完美。擁抱它們吧。不要篩除你的人性。

13. 別讓廣告說服你相信快樂是一樁消費交易。契羅基族的美國牛仔威爾．羅傑斯（Will Rogers）曾說：「有太多人花還沒賺到的錢，買不想要的東西，取悅不喜歡的人。」

▍譯註 8
語出老子《道德經》成大章第三十四。

▍譯註 9
語出老子《道德經》無為章第三十七。

14. 一定要吃早餐。

15. 平常盡量午夜以前上床睡覺。

16. 就算遇上忙亂的時刻——耶誕節、家族聚會、忙碌的工作、慶典，也要為自己尋找一時半刻的平靜。找機會退回臥房靜一靜。為你的一天加上逗號。

17. 減少購物。

18. 做瑜珈。你的身體和呼吸如果沒有壓力，你也比較不容易有壓力。

19. 困難時期，首先維持作息規律。

20. 不要拿自己生活中最壞的部分，與別人生活最好的部分比較。

21. 那些消失之後，你最會想念的，就是你最需要重視珍惜的人事物。

22. 別把自己固定在一處。不要想一次了解你是誰，以為能一勞永逸。哲學家艾倫．瓦茨（Alan Watts）說：「試圖定義你自己，形同嘗試咬自己的牙齒。」

23. 出門散步。跑步。跳舞。吃花生醬吐司。

24. 不要勉強感受某個你沒有的感受。不要勉強成為你無法成為的人。那會把你耗盡。

25. 能不能與世界連結，跟有沒有 wi-fi 無關。

26. 未來並不存在。計畫未來只是在計畫另一個當下，而那個當下裡的你又正在計畫未來。

27. 好好呼吸。

28. 愛要及時。愛就要趁現在。你如果有某個可以愛的人或某樣事物，現在立刻去愛。勇敢地愛。就像戴夫・艾格斯（Dave Eggers）寫的：「等待有一天去愛，這算不上是活著。」把愛無私地拋灑出去。

29. 不要有罪惡感。活在現代，除非你是反社會的人，不然一定會感覺到幾分歉疚。我們的內心塞滿罪惡感。有我們童年吃飯時間學到的罪惡感，有一邊吃飯一邊想起世上還有人在挨餓的罪惡感。享有寵愛的罪惡感。開車、搭飛機或使用塑膠產品而對生態環境有罪惡感。因為購買的商品可能在某個看不見的環節違背了道德良心而有罪惡感。因為不忠慾望未說出口而有罪惡感。沒成為別人希望你成為的人而有罪惡感。佔有一方空間的罪惡感。做不到別人做得到的事而有罪惡感。生病的罪惡感。活著的罪惡感。這些罪惡感沒有半點用處，也幫助不了任何人。想辦法現在就去做好事，不要耽溺於你曾經做過的壞事。

30. 把自己放在市場動力之外看待。不要參與競爭遊戲。抗拒什麼都不做的罪惡感。找出我們心中非商品化的空間。真實的空間，人性的空間。永遠無法以數字、金錢、產能衡量的空間。市場經濟看不見的空間。

31. 仰望天空。天空很美，無時無刻不美。

32. 花點時間接觸人類以外的動物。

33. 坦然地無聊。偶爾無聊對身心有益。生活艱辛的時候，就把恬淡的情緒當作目標。

34. 不要拿別人對你的評價來評價自己。愛蓮娜．羅斯福（Eleanor Roosevelt）說過：「沒有經你同意，沒有人可以讓你覺得矮人一截。」

35. 世界或許悲傷。但要記住，今天也發生了千百萬件無人傳頌的善舉。千百萬個愛的舉動。人類的良善默默存在。

36. 不要因為生活一團亂而責備自己。沒關係的。宇宙也是一團混沌。銀河四處漂流。你只是與天地萬物同步而已。

37. 如果你覺得心理不適，記得用身體出了毛病的方式照顧自己。氣喘、感冒，隨便都可以。要讓身體康復該怎麼做，就怎麼做，不要感到愧疚。不要腿都斷了還到處亂跑。

38. 哭出來沒有關係。大家都會哭。女人會哭，**男人**也會哭。男人就跟所有人類一樣有淚管、有淚腺。一個男人在哭，與一個女人在哭沒有兩樣。那是很自然的。社會角色若不允許人表露痛苦，或傷感情緒，那就是該剷除的毒瘤。哭吧，你是人呀。傷心就哭出來。

39. 容許自己失敗。容許自己疑惑。容許自己脆弱無助。容許自己改變心意。容許自己不完美。容許自己反抗主動積極的說法。容許自己不要像一支箭，直直朝目標疾駛，就過完了一生。

40. 盡量減少想要的東西。想要是一個無底洞。想要就是缺少，那是這個詞的一部分定義。當詩人拜倫寫下「我想要一個英雄」，他的意思就是他沒有英雄。想要一樣我們不需要的東西，讓我們感受到尚未擁有的缺乏。你需要的一切都在這裡了。人生而為人就已經完整。我們就是自己的目標。

報酬遞減定律

地球獨一無二。是宇宙廣大渾沌的競技場內，我們所知唯一有生命存在的地方。還是一個不可思議的地方。地球憑自己就滿足了人類生存所需的一切條件。

你也很不可思議，與地球不相上下。從出生那一天起，你就很不可思議了。從出生那一天起，你就是圓滿。沒有人會看著初生嬰兒，心想：我的天啊，瞧瞧他**沒有的那些東西**。大家看著小嬰兒，彷彿看著一件完美無瑕的寶貝，尚未被日後將至的複雜人生與沉重包袱給汙染。

我們以完整的姿態來到世間。給我們一點食物飲水，與遮風擋雨的小屋，為我們唱一首歌、說一段故事，周圍有幾個人可以對話、在乎、戀愛，如此便是一生。

但一路走到某個地方，我們提高了獲得快樂需要的門檻，或該說我們認為需要的門檻。

我們被鼓勵要買東西讓自己快樂，因為公司也被鼓勵賺更多的錢，讓他們更成功。而這件事也使人上癮。會上癮的原因不在於消費令我們快樂，反而正是因為消費**無法**使我們快樂。我們買了某樣東西，歡喜一下子，喜歡那東西的新穎和新奇，但不久我們就習慣了擁有，我們適應了，麻木了，所以又需要其他東西。我們需要感覺到變化與多樣。更新的、更好的、更升級的的東西。然後相同循環又再度發生。

久而久之，我們對愈來愈多東西習以為常。

Instagram網紅起初享受自拍照有很多人按讚，很快就會追求更多的讚，萬一數字保持不變，就會覺得失望。永遠拿一百分的學生，如果有一天只拿九十分，會覺得自己徹底失敗。創業致富的企業家會希望賺進更多錢。喜歡自己新體態的健身房常客，會想要更努力鍛鍊、再努力鍛鍊。願望實現。盼望已久終獲升遷的員工，很快又會期待下次升遷。隨著每一項成就、每一次獲得、每一筆消費，門檻一再提高。

我以為只要文章能刊登出來，我就會永遠滿足。但不久我又希望書可以出版，接著又希望下一本書也能出版。之後開始希望書暢銷，下一本但願也暢銷。暢銷之後，希望是排行榜第一名。之後又希望賣出電影版權。就這樣一直串連下去。而我和很多人一樣，每當達成我為自己設定的生涯目標，的確能短暫感到快樂，但我的腦袋很快就習慣了先前的成就，又找出一個新的目標。因此我得到的愈多，需要取得的也更多，才可以持平。

你取得愈多「成功」，愈容易因得不到而失望。唯一差別在於，現在沒人會為你感到遺憾了。

不論我們購買什麼或有何成就，喜悅都持續不了太久。體育冠軍永遠想再贏下一場比賽。百萬富翁永遠想再賺下一個百萬。渴求鎂光燈的明星想要更大的名氣。這就跟酒鬼總想再喝一杯，賭徒總想再賭一把沒有兩樣。

但報酬遞減效應遲早會發生。擁有一百樣玩具的孩子，玩每一樣新玩具的時間只會愈來愈少。

再想想看。假設你出得起比上一次出遊昂貴十倍的假期行程，你覺得你會因此放鬆十倍嗎？我很懷疑。假設你可以花十倍時間看推特留言，你的見識會因此增長十倍嗎？當然不會。假設你花兩倍長的時間工作，你會做完兩倍量的事嗎？研究表示不會。假設你買得起一輛比你現在的車昂貴十倍的車，你從甲地到乙地的速度會快上十倍嗎？不會。假設你買了更多抗老化乳霜，每多買一瓶你就會年輕一歲嗎？一樣不會。

外在環境促使你想要更多。這個外在環境往往是企業造成的，而他們自己也集體受外在環境影響，想要更多。想要更多就是大環境的原始設定。

但正如同我們只有一個地球，地球上的資源有限，你也只有這一個你，而你也所擁有的一項資源同樣有限，那就是時間。而且，我們就挑明了說吧，你沒辦法讓自己分裂增生。超載的星球引誘我們過超載的生活，但你終究不可能玩遍所有玩具。不可能用過所有應用程式。不可能出席所有派對。不可能做二十人份的工作。不可能即時更新所有新聞。不可能一次穿上十一件外套。不可能看完每一部非看不可的影集。不可能同時生活在兩個地方。你可以買更多東西、取得更多成就、花更多時間工作、賺更多錢、更努力奮鬥、發更多推特、看更多影集，你可以想要更多，但隨著每一股新鮮感慢慢遞減，最後總會來到一個臨界點，這時你不得不問自己：這一切到底是為了什麼？

我額外獲得了多少快樂？為什麼我其實不需要，卻還想要這麼多的東西？學會欣賞我已經擁有的東西，我難道不會比較快樂嗎？

幾個簡單的觀念

覺察。留意你花多少時間滑手機，多少新聞在你的腦中作亂；留意你對工作的態度有多少改變，你感受到多少壓力，這些壓力又有多少源自現代生活的弊病；留意你與世界的神經系統環環相扣。覺察可以化為解方。注意到你的手正放在爐火上，代表你就知道要把手從爐火上拿開，同樣道理，意識到現代生活中無形的威脅，可以幫助你避開它們。

一體。你被迫感受自己的不足，社會似乎也希望你感受，但你不一定就要去感受。你生來就是你該有的樣子，至今依然如此。你永遠不會是另一個人，所以不要硬是想當別人。你沒有替身。你來到這裡就是為了當你。所以，不要與人比較，不要拿別人的看法評判你自己，他們從來沒當過你。

世界是真實的，但你的世界是主觀的。改變你的觀點，就能改變你的地球，還能改變你的人生。多重時空理論有一個版本就在說明，我們做的每個決定都會創造一個新的時空。你光是十分鐘不要拿手機起來看，說不定就會進入一個比較好的時空。

少即是多。超載的星球導致超載的心靈。導致熬夜和淺眠，導致凌晨三點還在煩惱尚未回覆的電子郵件。極端案例中，還導致在超市擺放早餐穀片的走道恐慌症發作。這不僅是聲名狼藉先生（Notorious B.I.G.）曾經在專輯裡唱的，「錢多煩惱多」。這是因為凡事一多，煩惱就多。簡化你的生活。拿掉沒有必要留在那裡的東西。

你已經知道什麼是重要的了。真正要緊的東西，很顯然是那些一旦消失，你真的會想念的東西。那些才是你應該一有機會就把時間花在上頭的東西。人、地方、書、食物、經驗，是什麼都沒關係。有時為了更投入享受這些事物，你必須捨棄其他事情。你得要掙脫枷鎖。

重要的東西

一星期前，我去了一趟慈善二手商店，把我累積至今的物品捐出去。那種感覺很好，不只因為做了善事，也因為淨化。家裡現在少了很多我的雜物：我從來沒穿的衣服、我從來沒噴的鬍後水、兩張沒有人坐的椅子、我再也不會重看的舊 DVD，甚至還有一堆我再也不會看的書——沒想到吧。

「你這些真的全都要清掉？」安德莉亞望著垃圾袋在走廊堆出的小山丘，忍不住問我。就連她這個天生愛打掃的人都不太敢相信。

「對啊，應該是吧。」重點是，實際經歷了丟東西的過程之後，我反而更看重我有的東西了。比方說，我在丟一些舊 DVD 的時候，發現有一部片我不只想留著，還想重看一遍。那部片是《生活多美好》（*It's a Wonderful Life*）。過了兩晚我就重看了。

我絕對不想害你有錯過什麼的恐懼，何況這件事也不是真的那麼要緊，但假如你從來沒看過《生活多美好》，想辦法找來看看。這部片不會太濫情，是很真摯而傷感沒錯，不過發自內心。拍攝有點粗糙，但擁有不可思議的力量。講的是小人物遇上重大機會，講的是我們為何重要，講的是一個生命可以帶來多少不同。講的是人為什麼應該活著。看這部片絕不會是浪費時間，反而幫助你珍惜時間。

這只是一個例子，清掉佔據你的時間和客廳的雜物，反而更能突顯好的東西。同理，限制自己接觸的新聞量，偶爾看新聞的時候，反而容易分辨什麼重要。工作縮短幾小時，反而讓剩下那幾個小時更有效率。以此類推。去除多餘，重整你的生活。

不過說實在的，清理其實算是容易的事。把衣櫃裡的衣服數量減半很容易，替你的電子信箱加裝好一點的過濾程式，並且關閉信件通知，這很容易。網路上友善對待別人很容易。早一點上床睡覺，**相較之下**很容易。更留意你的呼吸，每天留半個小時做瑜珈，**相較之下**很容易。晚上睡覺把手機留在房間外面充電，**相較之下**也很容易。（好吧，這點還是挺困難的，但我正在嘗試。）

真正困難的是要怎改變你內心的觀念。你要怎麼重整那些觀念？

社會把這些觀念烙印在你心裡：你應該做什麼事、當怎樣的人，才會受到重視。你應該做怎樣的工作、賺多少錢、買什麼東西、看什麼電影、過怎樣的生活。你的心理健康應當如何與你的生理健康區分開來。你應該感受到那種種渴望和不足，經濟和社會秩序才能維繫下去。

是的，很不容易。但關鍵似乎在於接受。接受你是誰。接受社會現實，但也接受你的現實，別覺得你不夠完整。就是那種不足的感覺，引誘我們用雜物填滿房子和內心。盡可能保有自我的完整。你是一個完整、圓滿的人，來到這裡不為別的目的，只是要成為你。

「重要的是放開自己，」吳爾芙（Virginia Woolf）在奮力接受考驗之餘，寫道，「任由它去尋找它的長處，不受任何妨礙。」

順帶一提，我如果說我已經做到了，那我一定是在說謊。我差得可遠了。現在是近了一點，但要達到那種境界，我還連影子都看不見。我很懷疑我真的有一天能完全到達那個境界，置身於涅槃，超越科技產品、消費主義、娛樂消遣構成的緊張世界，心思如山泉一般澄淨。這條路沒有終點線，重點也不在於完美。為了不完美而懲罰自己，事實上就是整個問題的一部分。所以，接受我現在的狀態——有所改善但還不完美——這是一項沒有間斷的任務，但回報也是非常大的。

知道了哪些東西是不健康的，就更容易保護自己。這和對待食物和飲料一樣。你知道巧克力棒和可口可樂不健康，不代表你就永遠不會去吃、不會去喝。不過可能代表你或許會少吃一點，甚至說不定會在能吃的時候更享受一點，因為這些東西現在變得比較特別了。

所以說，與其一連看五個小時電視，我現在盡量只看完一個節目。與其花整個下午掛在社群媒體上，我會偶爾花個十分鐘瀏覽，隨時注意登入時螢幕顯示的時間，以便記錄我使用了多久。我有機會就盡量做好事，也沒有多英雄，只是一些尋常小事——捐物資給慈善團體、陪無家者聊天、給人心理健康方面的協助、在火車上讓座。微不足道的小小善意。不光是為了表現無私，也是因為做好事很有療癒效果，會讓我心情轉好。就像一種心理的整理術，因為善意為靈魂做了大掃除，或許也讓這個緊張的行星放鬆一點。

這是一件沒有完結的事。我盡量告訴自己，這樣就可以了。盡量不要覺得我必須透過工作或花錢或運動才能接受自己。我不需要強悍、隱藏情感才算是個男人。我也無須擔心別人對我的看法。就算是我軟弱害怕的時候、就算是我滿腦子討厭的念頭與恐懼的時候，我也盡量保持平靜。我想辦法連辦法都不要想。我盡量只要接受我現在的樣子。我接受我的感受，才能理解這種感受，從而改變我與世界互動的方式。

世界在你心中

你是地球的一部分，地球也是你的一部分。而你可以選擇如何回應它。你可以改變要讓哪些一部分進入你心中。沒錯，從某方面來說，地球此刻呈現的症狀與患有焦慮症的個人相似，要看出這點很容易，但世界並不只有一種面貌。世界有七十億種面貌。你的目標是要找出最適合你的一種。

同時記住。

人類的種種特點——懂得去愛、創造藝術、建立友情、講故事，以及其他所有能力，都不是現代生活的產物，而是生而為人的產物。因此，我們雖然無法擺脫現代生活各種短暫狂熱壓力的束縛，但我們可以在自我（你喜歡的話，也可以稱之為靈魂）旁邊擺一隻耳朵，傾聽存在的沉著寧靜，從而明白，我們並不需要把心思從自己身上轉移開來。

我們需要的一切就在這裡。我們所是的一切已然足夠。想對付周圍看不見的鯊魚，我們不需要一艘更大的船。我們**就是**更大的那一艘船。正如艾蜜莉·狄更生的形容，人腦比天空更為遼闊。留意現代生活帶給我們的感受；允許那個現實存在；對改變抱持開放的心態，只要改變是有益的。藉由如此，我們就能融入這個美麗的世界，又不用擔心世界偷走我們真正的自我。

開端

我看著電腦上的時鐘。

我現在都靠這樣來記錄我盯著螢幕多久了。光是知道過了多久，就能讓你少花一點時間在電腦上。保有自覺，我猜這就是關鍵。

我又察覺一樣東西。我注意到狗狗現在躺在我腳邊。

我也注意到外頭的風景。

陽光在我窗外閃耀。我能看見遠方的海。海面遠處，在地平線這條細小的希望線上，有一座風力發電廠。十字交叉的電纜線把景色切割開來，好似抽象畫上的線條。屋頂和煙囪指向我們鮮少觀察的天空。

我望著大海，大海讓我平靜下來。而我正設法與這世界令我們感到美好的那些成分調和融洽。這就是為什麼我們能活在當下。這就是為什麼每一刻都能成為一個開端。透過保有自覺。透過去除我們不需要的東西，找出真正需要什麼。我們可以從這份自覺當中，找出辦法掌握自己，同時仍保有對世界的愛。這就是我的想法。很困難，真的難得要命。但也好過於絕望。況且只要你確信這不像別的事會搞砸、只要你接受你的混亂缺陷和失敗是自然常有之事，就容易很多了。

今天傍晚，我會去一趟商場。我還是不**喜歡**商場，但我已經不會恐慌症發作了。能不再害怕商場、超市、網路酸民留言或任何其他事情，關鍵不是無視，不是逃走，也不是戰鬥，而是容許它們存在。接受你沒有辦法控制它們，你只能控制自己。

「畢竟，」詩人朗費羅（Henry Wadsworth Longfellow）寫道，「天要下雨，你再怎麼做，最好也就是讓它下吧。」沒錯，下雨就讓它下吧。就讓地球自行其道。你沒有選擇。但也要覺察你的感受，不論是好是壞。明白哪些事物對你有益，對你無益的也接受其存在。等你知道下雨就是下雨，不是世界末日，事情就容易多了。

不過現在，下雨還不單純是下雨。

所以，等我一寫完這一頁，我就會把文件存檔，關上電腦，走出戶外。走進空氣和陽光。走入生活。

我想感謝

我想感謝這幾年來，我在現實生活中或網路上遇見的、所有曾經鼓起勇氣談論自己心理健康的人。我們愈不怕談論，愈能鼓勵其他人開口。

雖然我覺得很荒謬，一本書的封面上往往只印著一個人的名字，但書通常都是一個團隊的心血，這本書尤其如此。首先，對我善良、溫暖、勇敢無畏、不辭辛勞的經紀人Clare Conville，及在C+W和Curtis Brown公司與她共事的每一個人，我永遠懷抱無限感激。

我必須感謝我在Canongate出版社的佛心編輯Francis Bickmore苦等我交稿，也謝謝其他所有讀過本書初稿的聰明人，包括我在大西洋對岸的諸位優秀編輯——我的美國編輯，Peguin Random House出版公司的Patrick Nolan；加拿大編輯，HarperCollins Canada的Kate Cassaday。此外，如果少了Alison Rae、Megan Reid、Leila Cruickshank、Jo Dingley、Lorraine McCann、Jenny Fry，以及Canongate出版社的大老

闆 Jame Byang，沒有他們的明察慧眼，這本書不會是現在這本書。謝謝 Pete Adlington 為本書創作了美麗的封面。也謝謝 Canongate 全體團隊同仁，為這本書和其他書奉獻如此大的心力，包括 Andrea Joyce、Caroline Clarke、Jess Neale、Neal Price、Alice Shortland、Lucy Zhou 和 Vicki Watson。

謝謝社群媒體上所有答應讓我在書中引用留言的朋友。

當然，謝謝安德莉亞，她是這本書第一位且最忠實的讀者，也因為有她，這個焦慮星球上的生活才不那麼令人心煩。我也要向 Pearl 和 Lucas 道歉，為了寫這本書，很矛盾地害我花了比平常多的時間盯著電腦看。

最後謝謝你，在近乎無限的書海之中選擇了這本書，對我意義重大。

心靈成長 093

在焦慮星球上微笑

NOTES ON A NERVOUS PLANET

作者／麥特・海格（Matt Haig）
譯者／韓絜光
封面設計／Dinner
內頁排版／邱介惠
責任編輯／許　湘
天下雜誌群創辦人／殷允芃
天下雜誌董事長／吳迎春
出版部總編輯／吳韻儀
出版者／天下雜誌股份有限公司
地址／台北市 104 南京東路二段 139 號 11 樓
讀者服務／（02）2662-0332　傳真／（02）2662-6048
天下雜誌 GROUP 網址／ http://www.cw.com.tw
劃撥帳號／ 01895001 天下雜誌股份有限公司
法律顧問／台英國際商務法律事務所・羅明通律師
製版印刷／中原造像股份有限公司
總經銷／大和圖書有限公司　電話／（02）8990-2588
出版日期／ 2019 年 1 月 25 日第一版第一次印行
　　　　　 2023 年 3 月 15 日第二版第三次印行
定價／ 400 元

書號：BCCG0093P
ISBN：978-986-398-845-8（平裝）

直營門市書香花園　地址／台北市建國北路二段 6 巷 11 號　電話／（02）2506-1635
天下網路書店　https://shop.cwbook.com.tw
天下雜誌我讀網　http://books.cw.com.tw/
天下讀者俱樂部 Facebook　http://www.facebook.com/cwbookclub
本書如有缺頁、破損、裝訂錯誤，請寄回本公司調換

在焦慮星球上微笑 / 麥特.海格 (Matt Haig) 著 ; 韓絜光譯. -- 第二版.
-- 臺北市 : 天下雜誌股份有限公司 , 2022.12
面 ; 14.8×21 公分 . -- (心靈成長 ; 93)
譯自 : Notes on a nervous planet
ISBN 978-986-398-845-8 (平裝)
1. CST: 壓力　2. CST: 抗壓　3. CST: 生活指導

226.965　　106007311

天下雜誌

觀念領先